社会心理学

SOCIAL PSYCHOLOGY

洞悉人性　克服偏差的
99个心理学知识

苏方　著

中国纺织出版社有限公司

内 容 提 要

每个人都不是一座孤岛，个体始终处于人群之中，彼此之间相互连接、相互羁绊。学习社会心理学有助于我们更好地理解自己和他人，跳出固有的偏见与思维陷阱，认识到人类行为不仅由个人意志掌控，还与社会情境密不可分。本书为读者精心挑选了99个社会心理学知识，结合生活中常见的现象，以通俗易懂的语言、生动有趣的文风，剖析了社会心理学的核心概念与原理，揭示了人们在社会环境中的行为模式、思维习惯和情感反应，并介绍了不同原理在生活中的运用。通过阅读本书，读者不仅可以系统地了解社会心理学，还能结合具体的情境理解自己和他人的行为，改善人际关系，提升生活品质，告别认知偏差，优化决策质量。

图书在版编目（CIP）数据

社会心理学：洞悉人性 克服偏差的 99 个心理学知识 / 苏方著．-- 北京：中国纺织出版社有限公司，2025. 6. -- ISBN 978-7-5229-2594-3

Ⅰ. C912.6-0

中国国家版本馆CIP数据核字第2025X4Q844号

责任编辑：郝珊珊　　责任校对：王蕙莹　　责任印制：储志伟

中国纺织出版社有限公司出版发行
地址：北京市朝阳区百子湾东里A407号楼　邮政编码：100124
销售电话：010—67004422　传真：010—87155801
http://www.c-textilep.com
中国纺织出版社天猫旗舰店
官方微博 http://weibo.com/2119887771
鸿博睿特（天津）印刷科技有限公司印刷　各地新华书店经销
2025年6月第1版第1次印刷
开本：710 × 1000　1/16　印张：13
字数：152千字　定价：59.80元

前言
PREFACE

面对工作与生活的双重压力，你可能也憧憬过隐居在一个与外界隔绝的桃花源，体验陶渊明笔下那般自在逍遥的宁静生活。那么，这个世界上有没有人真的过着与世隔绝的生活呢？假设真的置身于这样的环境之中，又会是怎样的情形呢？

古希腊先哲亚里士多德，早在两千多年前就已经告诉了我们答案："从本质上来讲，人是一种社会性动物；那些生来离群索居的个体，要么不值得我们关注，要么不是人类。社会从本质上看是先于个体而存在的。那些不能过公共生活，或者可以自给自足不需要过公共生活，因而不参与社会的，要么是兽类，要么是上帝。"

这番话深刻揭示了人类作为群体生物的本性，我们不仅在生物学上依赖于群体，在心理和情感上也与他人紧密相连，没有一个人可以完全孤立地生活。社会心理学的研究，正是围绕着这种人与人之间的相互作用和影响展开的。

从孩提时代开始，我们便通过与父母、同伴的互动学习如何与社会相处；通过模仿他人的行为，形成自我概念，并在社会角色的扮演中不断调整自我认知；通过社会比较，来评估自己的地位和能力；通过观察和学习参照群体，调整自己的行为和价值观。

在社会交往中，我们通过印象管理来控制他人对自己的看法，自我效能与自尊构成了我们自我价值的核心，影响着我们的行为和决策。自利性偏差让我们倾向于将成功归因于内部因素，而将失败归咎于外部因素。这些心理现象和许多其他的社会心理机制共同作用，构成了复杂的人性。通过深入理解这些机制，我们不仅可以更好地认识自己，还能更有效地与他人互动，从而在社会中找到自己的位置。

置身于社会情境中，我们很难始终保持理性思考，也无法完全控制自己的行为。认知、态度、社会环境和他人的行为都在无形中影响着我们。在某些特定的情境之下，我们可能会做出与真实想法不一致的行为；在极度恶劣的环境下，即便是天性温和的人也可能屈从于暴力，变身为嗜血的恶魔。在假设的情境中，我们常常确信自己不会“那样做”，可一旦真正置身其中，我们往往无法自主地做选择，就像是受到了某种力量的驱使。

如果我们仅凭直觉来评判问题，可能会认为“不敢在公共场合提出异议，就是懦弱”“旁观而不施以援手，就是无情”……可是，当我们学习了社会心理学中的从众效应、群体压力、群体规模、旁观者效应等理论后，我们就会放弃简单的判断，转而结合具体情境去理性分析自己和他人的行为。

社会心理学是最贴近生活的一门学科，也是一门应用性极强的学科，其原理可被应用于个人发展、教育、婚姻、管理、传播等多个领域。通过学习社会心理学，我们可以更好地理解自己和他人，学会在复杂的社会互动中做出明智的判断和选择。

了解并接纳自己，勇于面对自己的不足，并不是一件令人愉快的事。然而，不能透视真实的自我与环境，不能理性地了解自己和他人的行为，更是一种悲哀。社会心理学帮助我们看清自己的局限，教会我们在群体中保持独立思考，提醒我们在面对压力时坚持自己的立场，引导我们摒弃偏见，以开放的姿态接纳不同的群体。

本书在编写的过程中，参考了众多国内外社会心理学研究者的成果和著作。在此，向所有为社会心理学做出贡献的学者们致以最深的敬意！碍于时间、精力和个人能力的限制，书中若有引用和解释不当之处，还望读者朋友们不吝指正。

苏方

2024 年 11 月

目 录
CONTENTS

PART 01
人是一种社会性动物

PART 02 清醒地认识自己有多难?

PART 03 我们能客观地看待世界吗?

PART 04

他人是如何影响我们的？

PART 06 事实能改变人的想法吗?

PART 07
人心中的偏见是一座大山

PART 08 喜欢一个人有“道理”吗？

PART 01

人是一种 社会性动物

01 狼窝里长大的女孩，与常人有何不同？

关键词：社会化

1920年，人们在印度加尔各答的茂密丛林深处，意外地发现了两个被狼群哺育长大的女孩。年长的女孩大约八岁，年幼的女孩仅有一岁半。两个女孩被带回了孤儿院，但她们的生活方式与人类大相径庭，更像是野兽。

在狼窝里长大的她们，无法用双脚站立，只能靠四肢爬行；不穿衣物，拒绝洗澡，随地大小便；白天常常沉睡，对光线感到恐惧，在阳光下会眯起眼睛，频繁眨眼；到了夜晚就格外兴奋，经常在深夜发出似兽非兽的叫声。

她们听不懂语言，也无法发出人类的音节，常常蜷缩在一起，不愿与人接近；她们不会用手拿取物品，吃东西时狼吞虎咽，喝水就用舌头舔；进食时若有人靠近，她们就会发出“恐吓”的呜咽声。小女孩在进入孤儿院一年后去世，大女孩也只活到了17岁。

这期间，人们精心地照料和教育两个女孩，大女孩用了5年的时间才学会走路，但在奔跑时仍会退回到四肢爬行的状态。她用了2年多才学会说出第一个词“ma”，7年的时间里只学会了45个字，勉强能说出由3个字组成的句子。直到去世，她也没能真正学会说话，智力仅相当于三四岁孩子的水平。

两个女孩明明是人类繁衍的后代，可是为什么她们在被带回孤儿院后，没办法像正常人一样生活呢？原因就是，两个女孩自出生开始就脱离了人类社会，没有经过社会化！所以，她们只能算作是有着人类特征的生物，而不能算作真正意义上的人。

科学研究表明，人刚刚出生时只有自然属性，没有社会属性，所有的生活技能、自我观念、社会规范、科学知识等，都是在与他人的互动中习得的，这个过程叫作社会化。

社会化是人类社会运行的前提，也是人类文化不断延续和发展的条件。每个人都必须经过社会化，在与社会互动的过程中，逐渐养成独特的人格与个性。人类只有通过社会知识内化和角色知识的学习，才能够适应社会、参与社会生活，并在社会环境中生存。一旦脱离了社会和群体，失去与他人的交互，就不能成为真正意义上的人，也无法定义自己的身份和价值。

02 为什么说“只有奶水，人类活不久”？

关键词：依恋关系

20 世纪 50 年代末期，美国心理学家哈利·哈洛开展了一系列的恒河猴实验。因为恒河猴与人类共享高达94%的基因，它们对环境刺激的反应与人类相似。在众多的实验中，最为人所知的莫过于“代母实验”，它充分揭示了依恋关系的重要性。

哈洛将一只新生的恒河猴置于一个隔离的笼子中，并用两只人造母猴替代真正的母猴。这两只代理母猴分别由铁丝和绒布制成，“铁丝母猴”胸前装有一个提供奶水的橡皮奶头，哈洛解释说：“一个代理母猴柔软、温暖，另一个则能24小时无限耐心地提供奶水。”

起初，幼猴更多地待在“铁丝母猴”身边，但不久后，一个令人惊讶的现象出现了：幼猴仅在饥饿时才会去“铁丝母猴”那里喝奶，其余时间更愿意和“绒布母猴”在一起。当幼猴遇到不熟悉的事物，如一只木制大蜘蛛的威胁时，它会跑到“绒布母猴”那里，紧紧地抱住它，然后慢慢地安静下来。

接着，哈洛把“绒布母猴”移至另一个房间，并继续用玩具恐吓幼猴。虽然幼猴很害怕，但它并未奔向“铁丝母猴”，而是渴望地望向“绒布母猴”的方向。如果没有“绒布母猴”，它就蹲在地上缩成一团，战栗、吮吸手指、摇摆、尖叫……就像是精神病院里的病人。

基于这些实验结果，哈洛提出了一个论断——“母爱的本质，并非仅仅满足孩子的饥饿和口渴，其核心在于接触性的关怀：拥抱、抚摸、亲昵。”

这些不是由真猴妈妈养育的幼猴，长大后也出现了一系列的问题：当哈洛把它们放回正常的猴群之后，这些猴子表现出了孤僻、抑郁的倾向，有的还出现了自残和攻击行为，无法正常与其他猴子相处。在后续的“繁殖实验”中，哈洛还发现，代母实验中的所有公猴都失去了寻偶与交配的能力，而母猴则是拼命抵抗正常公猴的交配行为。

依恋是亲密关系的一种最基本形式，是指个体对某一特定个人的长久持续的情感联系。成年的孩子能不能在离开父母之后与其他人建立良好的关系，尤其是亲密关系，取决于在孩提时期有没有和父母建立良好的依恋关系。

哈洛的实验研究对改变传统育儿观产生了极大的影响，过去人们常说“有奶便是娘”，可哈洛却说：“只有奶水，人类绝对活不久。”父母对孩子的养育，不能仅仅停留在吃饱的层面上，想让孩子健康成长，一定要为他提供触觉、视觉、听觉等多种感觉通道的积极刺激，让孩子能够真切地感受到父母的存在，建立依恋关系。

03 与父母的关系，决定着与他人的关系

关键词：依恋类型

34 岁的彼得身体健康，没有任何实质性的疾病，他渴望拥有情感关系，却始终无法与异性正常交往，害怕身体上的亲密接触，无法做出亲密的行为。

为了解决这一困惑，他找到了心理咨询师。在探索过往的成长历程时，彼得说出了自己童年时期鲜为人知的经历：彼得的父母是中国人，

早年从越南来到加拿大，在镇上开了一家餐馆。父母每天从清晨忙到半夜，无暇照看彼得，就把他关在餐馆的阁楼上。早上，母亲给他送来当天的食物，半夜再把他抱回家，而彼得那时已经睡着了。这样的生活，从彼得不到2岁时开始，一直持续到5岁才结束。

咨询师听闻彼得的经历，感到难以呼吸。彼得在童年至关重要的时期，一直处在与外界隔绝的环境中。他没有得到母亲的关照与爱，这种依恋体验的缺失，不仅影响了他和母亲的关系，也对他的各种社交、情感和发展造成了障碍，让他没办法与伴侣进行肢体上的亲密接触。

幸运的是，彼得在心理咨询师的带领下，妥善处理了他的依恋障碍，慢慢学会了与他人建立依恋关系，获得了真正意义上的成长。

与养育者的依恋关系是孩子最早接触到的社交关系，幼年期与养育者形成的稳定的依恋模式，往往会影响到一个人成年后的亲密关系模式。

依恋理论，最早由英国精神分析师约翰·鲍尔比提出。

第二次世界大战期间，大量儿童因失去了父母的庇护，沦为孤儿。鲍尔比对这些孩子的心理问题给予了极大的关注，并开展了广泛的研究。结果发现，虽然这些孩子在生活上得到了悉心照料，但他们仍然存在严重心理障碍。鲍尔比强调，幼儿应与至少一位主要照顾者建立稳定的情感纽带，这对于他们的社交技能与情感发展至关重要。

之后，美国心理学界的杰出人物玛丽·爱因斯沃斯对依恋理论进行了更加深入的探索。她通过细致入微的家庭和实验室观察，创造性地设计了著名的陌生情境测验法，以此来精确测量幼儿与母亲之间的情感依恋。

爱因斯沃斯的研究成果表明，个体在幼年时期与养育者（尤其是父母）之间的互动模式，深刻地塑造了他们对自我和他人的认知框架。这种认知框架会贯穿个体的整个人生，并扩展到其与其他人的关系上。

爱因斯沃斯通过陌生情境测验指出，当父母给予孩子无条件的爱时，孩子就会形成安全型依恋；如果孩子与养育者的关系不确定，就会形成焦虑型依恋或回避型依恋。

如果一个人在幼年期得到了养育者的适当关怀，其基本需求能够得到及时满足，他便会建立起对养育者的信任感，不会担心自己被遗弃或受到伤害，同时也会觉得自己是有价值且受人欢迎的，能够与他人建立稳固的亲密关系。

如果一个人在幼年期被情绪不稳定的养育者照料，无法预知养育者会在什么时候以什么方式回应自己的需求，他就会变得焦虑，很难对他人产生信任，也难以拥有自信。在亲密关系中，他常常会产生强烈的不安全感，总担心他人无法以平等的方式回应自己的亲密需求，害怕被遗弃。

如果一个人在幼年期遭到了养育者的冷漠和疏远，在尝试建立亲密关系的过程中遭到拒绝，他就会压抑自己的需求，形成回避型依恋。他的内心存在一个假设：太过亲密或太过依赖一定会受伤，所以不敢轻易投入情感。

04 为什么“阿韦龙野孩”学不会说话？

关键词：关键期假设

1800年1月8日，在法国南部阿韦龙省的一个小镇的郊外，人们发现了一个赤身裸体的男孩。在过去的两年半时间里，人们已经多次注意到他的存在。这个男孩12岁左右，身高仅136厘米，他攀爬树木，用四肢奔跑，饮用溪水，以橡树果实和树根为食。

这个男孩不说话，也不回应别人的话，就像一只适应了野外生活的动物，拒绝接受人们为他准备的食物，总想撕毁人们给他穿上的衣物。显然，他要么失去了双亲，要么被遗弃，但确切的时间难以确定。

经过初步观察后，这个被称为“维克特”的孩子被送往巴黎的一所特殊教育学校，被交给正满怀雄心地致力于新兴科学“精神病学研究”的让·马克·加斯帕德·伊塔德。当时，伊塔德认为是与世隔绝的生活环境限制了维克特的成长，所以他只是需要掌握一些普通孩子在人类社会中所获得的基本技能。

伊塔德把男孩带回家中，在接下来的5年里对他进行“驯化”。他先通过洗热水澡和干搓等方法，唤醒维克特对各种感觉经验的初级识别能力；之后，又开始训练他的情感反应、道德认知、社会行为、语言和思维。伊塔德所采用的方法远远超前于他所处的时代，而且他还发明了许多教学工具，这些工具至今仍在被使用。

不过，伊塔德对维克特的教育并没有取得彻底的成功。虽然维克特学会了许多物品的名称，能够读写简单的句子，会表达自己的意愿与情感。然而，除了能够发出一些元音和辅音，他始终没有学会说话。此外，他似乎只专注于自己的想法和需求，对社会生活漠不关心，反而渴望回归自然。只是经过社会化后的维克特已无法适应野外生活，所以在研究结束后，他一直与伊塔德的管家格林太太共同生活，直至 40 岁左右时去世。

维克特与狼窝里长大的姐妹有一定的相似之处，他无法实现伊塔德的期望，不排除他有可能遭受了脑损伤，或是患有孤独症，抑或在生命早期遭受过虐待。伊塔德的教育方法虽然先进，但长期与世隔绝的生活带给维克特的影响是无法完全被消除的，特别是在语言学习方面，维克特的年龄太大了。人类大脑具有特定的语言学习窗口期，错过之后是不可逆的。

1967 年，美国的语言学家和神经心理学家埃里克·勒纳伯格提出了一个关于语言学习的重要理论，即“语言习得关键期假说”。这个假说认为，人的生命早期存在一个特定的时间窗口，人在这个时期对于语言的学习特别敏感，能够更加轻松地实现语言习得，尤其是第一语言的习得。一旦过了这个关键期，语言学习的效率和能力会显著下降。

之后，又有多位心理学家对语言习得关键期进行深入研究，现在普遍认为 1~5 岁是语言学习的关键期，错过这个时间点，语言学习会变得尤为困难。狼窝里长大的姐妹以及“阿韦龙野孩”维克特，被人发现后都受到了精心照料和教育，可他们都没能真正地学会说话并融入社会，原因就在于此。

05 一个人的自我观念是怎么形成的？

关键词：镜中我

凯丽是一位充满激情的产品研发员，她渴望在自己的专业领域有所突破。

最近，凯丽参加了本行业一个备受瞩目的峰会，并在会上发表了一场引人入胜的演讲。峰会圆满结束后，凯丽受到了公司总裁及几位高级管理者的高度赞扬，他们对她的创新理念表示了极大的认可。这些肯定和赞赏极大地鼓舞了凯丽，增强了她的自信心，让她为自己的创造力感到无比自豪。

可是就在昨天下午，凯丽意外地收到了一封匿名电子邮件，信中充满了对她的贬损之词，对她所提出的构想进行了尖锐的批评，并质疑了她的专业资历和能力。这突如其来的负面评价如同一盆冷水，瞬间浇灭了凯丽心中刚刚燃起的自信之火，让她一度陷入了强烈的自我怀疑之中。

凯丽在峰会上发表了一场演讲，这是一个客观事实。然而，领导的赞许和匿名信的贬损，让凯丽的情绪像过山车一样产生了巨大的落差，也让她对自己产生了不一样的看法。为什么他人的评价会对凯丽产生这么大的影响呢？

美国社会学家查尔斯·霍顿·库利提出了一个重要的社会心理学概念——“镜中我”。他说：“每个人都是另一个人的一面镜子，反映着另一个过路者。”即自我观念是通过与他人的社会互动形成的，每个人都是在与他人的互动中认识自我的。

库利在《人类本性与社会秩序》中说：“我”的概念，不是独立于普遍生活之外的某种东西，把“我”和社会分开是一种谬误。自我观念看起来是主观的，其实是依赖于客观、依赖于社会的，因为人在出生时并没有自我，自我是通过与他人的相互作用形成的。

库利认为，自我认识的形成过程有三个阶段。

第一阶段：想象自己在他人眼中的形象。

第二阶段：想象他人如何评价自己的形象。

第三阶段：对他人的这些认识或评价的感觉。

每个人都是通过观察他人的反馈和评价来构建自己的身份和认同感的，这种社会反馈对塑造个体的自我形象、情绪状态和行为表现有很大的影响。或许，你没有亲身经历过凯丽遇到的状况，可是那种被质疑、被否认、被轻视的感觉，你一定不会感到陌生。

他人是一面镜子，我们会根据自己出现在他人面前的样子来感知自我。然而，当我们过分依赖镜中我时，可能会出现自我概念的判断失误，不自觉地将“我是什么样的人”这一对自我的定义权交予他人，从而出现下面这些情形。

（1）过分关注他人的意见，容易因他人的一句负面评价而陷入自我怀疑。

（2）为了博得他人的认可与好感，忽视自己的真实感受，形成讨好型人格。

（3）处理问题时总想让所有人都满意，反复权衡，犹豫不决，导致决策迟缓。

为了避免自我概念的判断失误，我们务必要记住两点。

第一，认识自己时，不要仅依赖“一面镜子”，凭借某个人或少数人的看法和态度来高估或低估自己。他人的观点和评价往往带有主观性，不代表事实，也不代表你的真实自我。

第二，反思自我时，要全方位、多角度地“照镜子”，力求看到一个全面的、立体的自我形象，从而获得一个客观、正确的自我认识。

06 全世界的孩子都爱玩“过家家”

关键词：角色扮演

阳光温暖的午后，孩子们在公园绿草地上欢聚，玩着最喜欢的“过家家”游戏。

西蒙扮演着父亲的角色，还准备了一个手提包；莉莉以母亲的身份温柔地参与其中；年龄稍小的琪琪、卢卡和元元，依次是宝宝、医生和老师。他们都全心全意地投入角色中，演绎着生活中的场景。

他们巧妙地利用树叶和花朵构建了一个充满想象的“家”，小石头和树枝被布置成家具和餐具，为这个虚拟家庭增添了几分真实感。西蒙专注地“烹饪”着一顿美味的午餐，而莉莉则以充满爱意的眼神注视着“宝宝”，轻声细语地给她讲故事。

片刻之后，故事的场景又从家变成了医院。这一次，轮到卢卡医生来给琪琪看病了。孩子们在游戏中感受到了合作、分享和照顾他人的乐趣，也重现了父母、老师、医生等社会角色在生活中的样子。

在成年人的眼里，“过家家”是一个特别幼稚的游戏。如果说，多年前物质条件匮乏，没有太多的玩乐设施，孩子们才会凑在一起玩“过家家”，那么在玩具遍地开花的今天，为什么孩子们依然喜欢玩这个游戏呢？更匪夷所思的是，不同国家、不同文化中的孩子，都对“过家家”游戏乐此不疲！

其实，“过家家”并不只是一个简单的游戏，它是个体人格发展过程中自我意识萌芽的体现，在社会心理学上叫作“角色扮演”。

美国社会学家乔治·赫伯特·米德提出了角色扮演理论，即个体通过扮演他人的角色，了解各种行为习惯与规范，理解和体验他人的处境与情感，最终实现自我的社会化。

角色扮演是一种洞察他人态度和行为模式的能力，这种能力不是天生的，而是在社会互动的过程中，通过经验的积累而逐渐形成和发展的。孩子善于模仿也乐于模仿，“过家家”游戏恰好为这种模仿提供了可能，他们通过角色模仿、关系模仿，不断地训练意象思维。

意象思维，就是用具体、形象的事物来说明抽象概念的能力。

例如：看到或听到“医生”这个词语，就会联想到在医院里给患者看病的人，知道它在现实中代表的是什么，具体做什么事情；看到“苹果”这个词语，就会想到它的外形、色彩和味道，知道它代表的是现实生活中的某一种水果。

“过家家”游戏在促进儿童语言能力发展的基础上，也促进了儿童思维能力的发展。所以，不要小觑这个游戏，若能利用好“过家家”游戏，可以对孩子进行引导和教育。

心理学家曾经做过一个有趣的实验：邀请一些平日里不太懂礼仪的孩子，参加一次“不寻常”的晚餐聚会。在聚餐过程中，由于受到了周围静谧与高雅的环境熏陶，这些孩子意识到自己是有教养的“宾客”角色，便开始遵循这一社会角色的期望来约束自己，出乎意料地展现出了良好的餐桌礼仪。

这个实验说明，如果能够赋予孩子一个恰当的角色，并让孩子对这个角色有一定的理解，他们就会按照该角色的行为准则来要求自己，在个性和行为上产生积极的转变。所以，在教育孩子的实践中，不妨有目的地为孩子设置特定的角色，让他们去体验和扮演，帮助他们理解和学习某些特定的知识或行为规范。

07 每一个年龄段的成长都不容忽视

关键词：人格发展阶段论

很多妈妈都深有体会，孩子在0~3岁这段时间是最难带的，要时刻守在孩子身边，晚上的睡眠也被剥夺了。辛苦的感觉让妈妈们不由得产生一种想法："熬过这三年就好了！"与此同时，不少老人也会宽慰新手妈妈说："就辛苦三年，等孩子上了幼儿园就好了。"

事实是不是这样呢？这种想法有没有问题呢？

当然有问题！因为孩子的成长不只是年龄的增长，倘若觉得"养孩子只是辛苦三年"，父母很容易抱着"熬日子"的心态去带孩子，从而忽略当下这一阶段的重要使命——帮助孩子完成心理层面的发展任务！人的成长是贯穿一生的，孩子从出生开始直至成年，要经历几个不同的阶段，父母要陪孩子过好每一个阶段，培养出这一阶段需要的品质。

美国精神病医师、发展心理学家爱利克·埃里克森认为，人的自我意识发展是持续一生的，每个健康的个体从出生到死亡都会经历八个社会心理发展阶段，每个阶段都有其特定的社会心理任务和社会心理危机，这些经历会对一个人产生积极或消极的影响。

什么是社会心理危机呢？简单来说，就是个体与环境之间的冲突。

个人的心理需求与社会对人的需求是不一样的，如果冲突顺利解决，自我的心理力量和环境适应能力就会得到发展，这是解决其他后续问题的关键。任何一个阶段的冲突没有处理好，都会导致个体完成下一个社会阶段的能力不足，给后续的人生造成障碍。

人格发展的八个阶段

阶段	年龄	社会心理危机	冲突解决	冲突未解决
第一阶段	0~1.5岁（婴儿期）	信任vs不信任	信任感、安全感	猜疑、焦虑
第二阶段	1.5~3岁（幼儿期）	自主vs羞耻	自主性、自信心	恐惧、羞耻
第三阶段	3~6岁（学龄前期）	主动vs罪恶	创造力、想象力	内疚、怀疑
第四阶段	6~12岁（学龄期）	勤奋vs自卑	优越感、成就感	自卑、怠惰
第五阶段	12~18岁（青春期）	同一性vs混乱	身份认同	角色混乱
第六阶段	18~40岁（青年期）	亲密vs孤独	亲密、幸福	孤立、孤独
第七阶段	40~65岁（成年期）	成就vs停滞	奉献、价值	停滞、脱节
第八阶段	65岁及以上（老年期）	完整vs绝望	满足、宁静	遗憾、绝望

- **第一阶段（婴儿期）：信任vs不信任**

在人生的起始阶段，婴儿通过与主要照顾者（通常是母亲）的互动，构建起对世界的初步理解。若此阶段的核心需求得到及时满足，并受到周到的照料，婴儿便会形成一种基本的信任感，视世界为一个安全、可预测且能满足其需求的环境。相反，若需求未得到恰当的回应，婴儿可能会产生不信任和焦虑，认为世界是充满不确定性的。

- **第二阶段（幼儿期）：自主vs羞耻**

在这一成长阶段，孩子重点发展对身体的控制感和独立性。在此过程中，如果他们得到了充分的支持与鼓励，会对自己在这个世界上的生存能力抱有坚定的信心与安全感。相反，若缺少这样的支持，他们可能会对自己的能力产生怀疑，感到羞愧，并过度依赖他人。

- **第三阶段（学龄前期）：主动 vs 罪恶**

这个阶段的孩子，主要通过参与竞争和社交活动来认可自己，并培养出积极主动的意识，是社交能力发展的一个关键时期。他们往往表现得活泼好动，拥有强烈的求知欲，经常提出各种问题。如果这种自然倾向受到过度控制或批评，可能会抑制孩子的发展，让他们产生内疚感或罪恶感，影响他们的自我价值观与自我效能。

- **第四阶段（学龄期）：勤奋 vs 自卑**

在这个阶段，孩子开始在学校及其他社会环境中学习新技能，与更庞大的社交群体进行互动。若他们在学习新技能和处理社交关系方面获得了鼓励与支持，就会认为自己是有能力、有价值的，从而培养出一种积极的勤奋态度和优越感。相反，缺乏鼓励与支持可能导致他们产生自我懈怠和自卑情绪，质疑自己的价值和能力，从而回避挑战，对学习和社交活动失去兴趣。

- **第五阶段（青春期）：同一性 vs 混乱**

青春期是童年到成年的过渡阶段，这一阶段的孩子会通过对个人价值观、信仰和目标的探索，寻求自我意识和个人身份认同。如果发展顺利，通常会形成一个稳定、独特和满足自己的身份，对自己有一个清晰的认识，知道自己是谁、想成为什么样的人，对未来有明确的目标。如果在探索身份的过程中遇到了困难，会导致角色混乱，不知道自己在社会中的位置。

- **第六阶段（青年期）：亲密 vs 孤独**

在这一阶段，人们开始在亲密关系中展露自我，与原生家庭之外的人建立长期、稳定、充满承诺的联系。若进展顺利，便能够与他人共同分享生活，培养出深厚的友谊和爱情，体验到自信和幸福。反之则会感到孤独，难以与他人建立亲密关系，或是难以处理亲密关系中的问题。

- **第七阶段（成年期）：成就 vs 停滞**

成年期的人们需要培养比自己生命更持久的事物，如果在这一阶段成功地培育了下一代，或是做出了有意义的贡献，会感觉生活充满价值和意义。反之，则会感到停滞，对生活感到不满。

- **第八阶段（老年期）：完整 vs 绝望**

步入晚年后，人们会放慢脚步并回顾过往的生活，如果可以接受自己的生活经历，接受所有的成功与失败，会产生一种满足感和完整感，毫无畏惧地面对死亡的到来。如果无法接受自己的过去，或是对生命结束感到不安和恐惧，就会发展出一种绝望感。当今社会，老年抑郁症是一种常见的心理问题，老年人的自杀率不容小觑。

埃里克森的人格发展理论，为不同年龄段的教育提供了理论依据和思路。这八个阶段是相互关联和依赖的，每个阶段都是前一阶段的延续和基础，同时也为下一个阶段的发展提供了条件。同时，埃里克森也指出，个体在某个阶段的发展任务未完成，会影响后续阶段任务的完成，但也可以通过后续阶段的发展来修正和弥补。

08 为什么自尊对人如此重要？

关键词：自尊

凌子性格直率，有点大大咧咧的，但人很善良，同事们也挺喜欢她。

办公室里有一个叫春晓的姑娘，平日里很腼腆，说话细声细语，当众发言或是跟陌生人说话时，偶尔会出现口吃的问题。有一次，凌子向其他同事模仿春晓的口吃，不小心被春晓听见了。当时，春晓什么也没说，但是脸涨得通红，而凌子对此浑然不知。

此后，凌子对待春晓还像原来那般。可是，她明显感觉到，春晓对她冷淡了许多，甚至在故意疏远她，连工作上的事也尽量避免与她直接接触。后来，凌子从其他同事口中得知，春晓那天在公司里哭了，因为凌子的做法伤了她的自尊。

自尊，是一个人对自身能力大小、价值高低的判断和感受。

法国心理学家克里斯托弗·安德烈和弗朗索瓦·勒洛尔在《恰如其

分的自尊》一书中指出，自尊由三个核心要素构成——自爱、自我观与自信。当这三个要素协同运作时，个体的自尊水平较高；若其中一个或多个要素出现问题，个体就会表现出低自尊。

如果一个人总是被善待、被喜爱，犯错的时候也被接纳，能够按照自己的意愿与他人进行交流，就会体验到自我价值感，建立自尊并在社交中感到自信。即便在生活中遇到一些人际关系上的小挫折，也没有什么大碍。

如果一个人频繁遭受责难、批评和排斥，就会导致自尊心受损，难以树立自信。在未来的社交互动中，他们可能会对自己的认可度、能力和魅力缺乏信心，总担心别人如何看待自己、回应自己，从而产生自我怀疑。

佐治亚大学心理学家迈克尔·克尼斯认为，自尊不只有高与低的维度，还有稳定与脆弱的维度。有些人自尊水平很高，但并不稳定，需要凭借成就与外界的认可来维系，他们的内心非常敏感，防御性也很强。克尼斯将这种情况称为“脆弱高自尊”。

真正的高自尊者，拥有稳定的内在自我，对自我价值的判断始终如一，不会随着外界的变化轻易对自己产生怀疑。脆弱的高自尊者，追求的是金钱、成就与他人的赞赏，只有表现得比别人更胜一筹，备受关注的时候，才觉得自己是一个有价值的人。

在职场之中，你可能也碰到过这样的同事——处处争强好胜，总想比他人表现得更优越，来彰显自己的与众不同。他们很在意领导的评价，以及周围同事对自己的态度。稍有不慎，就可能会触及他们脆弱敏感的自尊，引出一番争论。

心理学家研究发现，自尊建立在外部因素（如美貌、财富、名利等）上的人，比自尊建立在内部因素（如美德、才能）上的人，自我价值感更脆弱。通过追求外在条件来提高自尊心的人，更容易体验到挫折和压力，而无法享受行动过程中的快乐。

09 与他人比较有没有意义？

关键词：社会比较

李先生原本打算买一个小房子，首付50万元，月供3500元，不影响生活品质，也足够三口人居住。可是，自从参加完同学聚会，他就改变了想法。

原来，他在聚会上询问了同学，大家都认为70平方米太小了，他们买的房子都在100平方米左右。就这样，李先生改变了原来的计划，买了一套90平方米的房子，月供增至5000元。可是，因为买了这套房子，他不得不推迟购车计划。后来他才知道，那些同学大多不是靠自己支付的房款，和他的情况并不一样。此时，李先生才意识到自己可能太冲动了。

你做出选择是为了让自己过得好，还是为了比别人过得好？这是一个值得深思的问题。

现实生活中，许多人都和李先生一样，经常鬼使神差地就跳进了比较的“牢笼”。为什么我们会忍不住与他人比较？与他人比较到底有没有意义呢？

美国社会心理学家费斯汀格提出的“社会比较理论”认为，人们之所以进行社会比较，是因为需要通过和他人比较来维持稳定和准确的自我评价，以及维护自尊和自我价值。面临的情境越是缺乏明确的标准，人们越倾向于与他人进行比较。

每个人都渴望了解自己的地位、能力和水平，在缺乏一个客观评价标准时，我们会本能地寻找一个相对标准来进行社会比较，以便准确地评价自己。正如一位心理学家所言：“如果一个东西无法衡量，它就不存在。”

社会比较的好处在于，它有助于我们清晰地认识自己，知晓自己在社会中的定位，以及自身的情况与他人相比，处在一个什么样的水平。遇到比自己更优秀的人，可以把他们视为标杆，认识到自身与对方的差距，从而激发向上成长与完善自我的动力。

然而，社会比较并非全无弊端。有些人看到别人追求什么、拥有什么，就迫不及待地去追赶，一心想要赶超周围的人，忽略了自身的实际情况与真实的需求。这种行为无法让他们享受到自我成长的快乐，只会体验到竞争带来的焦虑，很容易陷入“内卷”的困境。

想要逃脱比较的“牢笼”，最终还是要回归本质思考：我是谁？我要成为一个什么样的人？我要用什么样的方式过自己的人生？我真正渴望的是什么？只有清楚自身的需求，在正确的维度上进行合适的比较，有针对性地提升和精进，才能获得内在的满足。

10 提升自尊的正确方式是什么？

关键词：自我效能感

小李曾经是某市的高考状元，可当他进入大学之后，却发现身边有更多比自己优秀的人。这让他感受到了严重的落差，并渐渐产生了自卑感，成绩也日渐下滑。

为了缓解这种痛苦，小李开始避免参加一些竞争激烈的活动或课程，他害怕自己会失败。为了弥补内心的空虚与无助，补偿学习成绩的不足，他开始沉迷于网络游戏，在虚拟世界中获得成就感和满足感。

自尊是人们对自我价值的评价与感受，拥有真实、稳定的高自尊的人，可以理性地倾听他人的评价，充满弹性地应对生活中的挑战。遗憾的是，不是所有人都能拥有这样的状态。

当人们在社会比较中发现自己不如周围的人，或是遭受社会排斥时，就会感到自尊心受损，并产生焦虑的情绪。为了避免在意识层面上体验到痛苦的情绪或思考，维护自尊，人们往往会本能地采用心理防御机制。

常见的用于维护自尊的心理防御机制有以下三种。

回避退缩——为了避免失败，索性不去尝试。

沉溺幻想——想象成功场景，暂时维持高自尊。

补偿机制——学习成绩不好，靠打游戏获得成就感。

偶尔动用一下这些防御机制没什么问题，毕竟人都有趋乐避苦的天性。真正可怕的是过度依赖这些机制，因为它们无法帮助我们从根本上提升自尊，沉溺于暂时的、虚幻的安全感中，我们会失去行动的力量和个人成长的机会。

怎样做才能从根本上提升自尊呢？

1. 学会自我尊重

自我尊重，就是对自我价值的肯定，对自己的生存与幸福权利保持肯定的态度。尊重的前提是接纳，肯定自己的长处，同时接纳自己的不足，不对缺陷给予否定的评判，毕竟世间没有完美的人。

2. 提升自我效能感

自我效能感，是指个体对自己是否有能力完成某一行为所进行的推测与判断，是个体对自己在具体活动中的能力所持有的信念。

社会学习理论的创始人阿尔伯特·班杜拉认为，人必须要有一种自我效能感，才能应对人生中不可避免的艰难困阻。简单来说，就是相信自己有能力做好一些事，这样的信念会促使我们付诸行动，并在面对困难时有较强的意志力，积极努力地寻求解决方案，而不是反复认为自己能力不足。这里有几条提升自我效能的小建议，可供参考。

（1）设立合理的目标，从小到大、从简到难，重复成功的体验。

（2）用榜样激励自己，学习好的思维方式和行为，助力自身成长。

（3）寻找社会支持，来自他人的正向鼓励和评价，可以促进个体自我效能感的提升。

（4）保持良好的生理和情绪状态，更容易对未来有好的预期。

PART 02

清醒地认识 **自己有多难？**

11 我们真的认识自己吗？

关键词：自我知觉

一名思维迟钝、记忆力欠佳的衙役，负责将一名罪犯押解至边疆。

每天清晨出发前，他都会仔细检查几样关键物品：先摸摸自己的包袱，确认“包袱在”；再检查罪犯的官府文书，确认“文书在”；然后检查罪犯身上的枷锁，确认“罪犯在”；最后，他会轻拍自己的头，确认“我也在”。

日复一日，衙役都会重复这一系列动作。罪犯很快便洞悉了衙役的这一习惯，并琢磨出了一个逃脱计划。在某个夜晚用餐时，罪犯不断地向衙役劝酒，衙役醉得不省人事，沉沉睡去。罪犯用刀给自己松了绑，并将枷锁戴在衙役身上，之后便逃离了现场。

第二天清晨，衙役醒来，开始习惯性地清点物品：“包袱在，文书在，罪犯呢？”衙役感到一阵焦虑，当他看到自己身上的枷锁时，如释重负地松了口气：“哦，罪犯也在。”突然，他意识到了一个严重的问题：“我呢？我在哪儿？”

听起来令人难以置信，竟然有人会如此愚蠢！实际上，这个笑话背后揭示了一个深刻的问题——我们眼中的自己是真实的自己吗？

认识自己在心理学上称为“自我知觉”，是指个人对自己内在需求、动机、态度、情感等心理状态以及个性特质的感知和评价。

精确的自我知觉，有助于我们更好地适应社会，引导心理和行为朝着正向发展。一个人对自身的理解越深刻，就越有掌控感，因为他清楚自己具备哪些才能，能够承担哪些责任，明白自己的生活目标何在，以及如何利用自己的优势、避免劣势，以充分展现自己的潜能。

我们能否做到清晰地认识自己呢?

不得不说，这是一项艰难的挑战。我们无法时刻进行自我审视，也无法总是以局外人的视角来观察自己。大部分时间，我们需要借助外界信息来认识自己，而外部环境的复杂性和多变性，往往会让我们在自我认知的过程中受到干扰或误导，从而产生认知上的偏差和局限。

12 谁的青春不迷茫?

关键词：自我同一性

筱筱迎来了13岁的生日，虽然周围的大人们总说，她还只是个孩子，这段时光是她人生中最幸福、最轻松的！然而，筱筱并不这样认为，她知道自己已经不再是儿童了。

无论是在家里还是学校，她都渴望得到周围人的尊重，尤其是父母和老师。所以，她不会去穿那些稀奇古怪、太彰显个性的衣服，尽量做到不违反大人们的底线。与此同时，她也保留着自己的小心机，因为她也渴望获得同龄人的认可，不想被同学或朋友排斥和疏远。

偶尔，筱筱会思考一些深刻的问题："我是一个什么样的人？将来我要做些什么？我活在这个世界上有什么意义？"她无法给出确定的答案，也不知道什么时候才能找到答案。

每一个处于青春期的孩子都会面临这样的自我探索，经历一段迷茫的日子。人在进入青春期后，大脑逐渐减慢了发展速度，思维模式逐渐固定下来，认知进入形式运算阶段，开始接触人类的哲学问题——"我是谁？""我要做什么？"，最终找到独立的自我，走向成年。

心理学家埃里克森的人格发展阶段论指出，人在青春期要完成自我同一性的心理成长任务，此时个体开始质疑和探索自己的信念和价值观，尝试不同的角色和生活方式，最终形成一个稳定且连贯的自我形象。

在自我成长和寻求自我同一性的关键期，感到混乱、迷茫和焦虑都是正常的情况。面对同一性危机，下面是一些值得借鉴的做法。

（1）了解自身的优势与长处，接纳自己的弱点与不足。

（2）寻找人生的榜样和导师，向他人求助或学习他人。

（3）扩展阅读，扩充知识面，找寻人生的智慧，提升立足社会的技能。

（4）敢于尝试和体验不同的生活方式，找到适合自己的路。

13 人的一生要扮演多个角色

关键词：社会角色

生活就像一个随时变换场景的舞台，每个人都是演员，身兼多种角色。就像莎士比亚在《皆大欢喜》中所说：“整个世界是一个大舞台，所有的男女都是演员。他们有时上台，有时下台，每个人在一生中扮演着不同的角色。”

社会角色，是指与人们的某种社会地位、身份相一致的权利、义务的规范与行为模式，是人们对特定身份的人的行为期望，是构成社会群体或组织的基础。

任何一个人都不可能仅仅承担某一个社会角色，而是集多种社会角色于一身。这些角色虽然各不相同，但它们共同构成了一个整体，彼此之间相互作用、相互促进，形成协同效应。

每个角色都对其他角色产生影响，角色之间并非零和博弈的对立关系，而是相互依赖、相互支持的关系。很多时候，如果一个社会角色表现不佳，也会波及其他角色。

14 为什么我们经常左右为难?

关键词:角色冲突

素素有强烈的事业心,最近刚刚晋升为公司销售部的主管。她每天都沉浸在繁忙之中,对家庭的关照显得力不从心。然而,忙碌并不总是与效率成正比。刚刚升为主管的她,还没有完成角色上的转型,仍旧倾向于将所有事务性工作揽于一身,忽视了授权他人的重要性。

忙忙碌碌却没有业绩,素素倍感焦虑。这种情绪上的压抑,被素素无形中带入了家庭生活,影响了她在家庭中的角色——妻子和母亲。现在,几乎所有的家务活都是丈夫在做,作为妻子的她并没有尽到照顾家庭的职责;白天耗费了大量的精力,晚上陪伴孩子的时候,她也显得很没有耐心,总是对孩子发脾气。

当一个人扮演一个角色或同时扮演几个不同的角色时,由于难以协调或胜任而发生矛盾冲突的现象,被称为“角色冲突”。

角色冲突有两种,角色内冲突与角色间冲突。

角色内冲突,是指同一角色的内心冲突,往往是人们对某一角色的期望和要求不一致所致。

角色间冲突,是指一个人所承担的不同角色之间发生的冲突,一种是时间空间上的冲突，另一种是行为模式内容上的冲突。

作为公司的主管，素素要做好管理工作；作为妻子，她与丈夫共同肩负着照顾家庭的任务；作为母亲，她还肩负着养育孩子的职责。当她把大量精力投入“销售主管”这一社会角色时，便难以抽出时间和精力去履行家庭中妻子、母亲的角色任务。

另一方面，素素从普通员工晋升为销售主管，职场角色也发生了转变，而她尚未完全适应管理者的角色，行为模式上仍旧沿袭着“员工”的风格，致使新旧角色产生了冲突。

当一个人成功地扮演了不同的社会角色，既满足了社会的期望，也满足了个人的需求，他就可以较好地维持心理平衡。反之，总是陷入角色冲突中，就会导致角色超负荷。研究证实，角色超负荷对人的身心健康有负面影响。

要消除角色冲突带来的不良影响，个体需要加强扮演不同社会角色的协调能力。如果某些角色冲突难以协调，就要明智地从过多的角色中解脱出来，找到合适的平衡点，根据当下的处境权衡轻重缓急，进行阶段性取舍，实现一种动态平衡。

15 你真的是别人关注的焦点吗？

关键词：焦点效应

站在台上讲话，面颊泛红，心跳加速，大脑一片空白，仿佛台上所有人的视线都集中在自己身上；换了新发型，不管是在街上还是在公司里，总觉得旁人的目光都聚焦在自己的新造型上；拿到集体合影，第一时间就去寻找自己的身影，结果发现自己的表情和姿态很“难看”，心里非常不爽，生怕成为别人的笑柄；因为匆忙出门穿反了衣服，或在街上不慎跌倒、在聚会中不慎说错话，事后很长一段时间内回想起来仍感到不适，觉得很丢人。

你有过这样的经历吗？这些对他人想法和行为的想象，有多少是真实的、客观存在的？那些令你耿耿于怀的尴尬瞬间，是不是真的被人当成茶余饭后的笑谈了呢？

你可能不敢相信，这一切都是错觉！事实上，别人并没有你想象得那么在意你，你难以释怀的那些窘态，别人可能压根就没有注意到，你只是高估了别人对你的关注程度。

人们倾向于把自己视为一切的中心，并且直觉地高估他人对自己的关注程度，这种现象在社会心理学中被称为焦点效应，也叫聚光灯效应。

在一项实验中，研究者让参与实验的大学生穿着印有“美国之鹰”的运动衫去见同学，结果发现大约 40% 的被试认为同学会记住自己衣服上的字，但实际上只有 10% 的同学真正记住了。大多数观察者甚至没有注意到，被试中途离开后再次返回时更换了衣服。

在另一项实验中，研究者让被试穿着印有过气摇滚歌手的 T 恤去上课，被试预计会有 50% 的人注意到自己的尴尬衣着，但实际只有 23% 的人注意到了。

时时为别人的看法担心、害怕、烦恼、焦躁，真的没有必要，你不是别人的生活重心，没人会花费大量的精力一直关注你；就算别人注意到了，也不会太在意，他们很快就会将其抛诸脑后，去思考自己的事了。如果自己把问题想得太糟糕了，总是刻意关注，有意无意地去“弥补”，反而更可能让事情往“坏”的方向发展。

16 为什么别人看不出来你很紧张?

关键词：透明度错觉

演讲前：“当着这么多人演讲，太可怕了！”

演讲中：“他们一定能看出来我很紧张，一定觉得我很怯场。”

演讲后：“为什么他们觉得还不错？没看到我的腿在抖吗？”

提起当众演讲，多数人都会感到紧张，这是一种普遍的现象。究其原因，无非是害怕成为众人关注的焦点，担心在演讲中出错，或是在行为上出丑。然而，正是这些顾虑导致许多人无法集中精力思考，无法清晰流畅地表达自己的观点，甚至有人感到大脑一片空白，无法言语。一旦经历了失败，对当众演讲的恐惧感会进一步加深，形成恶性循环。

不可否认的是，当众演讲对思维和口才有一定的要求，且对任何人来说都是一种挑战，哪怕是经常演讲的人，也未必完全没有紧张感。我们常常认为别人在演讲时表现得自然，而自己站在台上时却声音颤抖、手心冒汗、双腿发抖……因此，演讲结束后，回想起自己在台上的紧张表现被观众一览无余，我们总会感到无地自容，难堪至极！

对演讲者本人来说，紧张感是真实存在的。然而，台下的观众是不是能够感受到演讲者的紧张呢？或者说，他们能不能看穿演讲者的紧张不安呢？

放心吧，观众没有透视眼，这只是演讲者的心理错觉。

人们往往认为自己的心理状态很容易被他人知晓，这种感觉被称为透明度错觉。

美国社会心理学家托马斯·吉洛维奇和同事们曾邀请40名康奈尔大学的学生参与一项“3分钟即兴演讲实验”。实验中，学生们两人一组，轮流担任演讲者和观察者。每位演讲者站在台上即兴发表演讲，而另一位则作为观察者坐在台下；随后两人交换角色，由观察者就研究者提供的新话题进行演讲。

演讲结束后，每位被试需对自己的紧张程度以及观察到的对方紧张程度进行 1~10 分的评分。实验结果表明，被试普遍认为自己（平均 6.65 分）比搭档（平均 5.25 分）显得更紧张。为了验证这一结果的可靠性，研究者们进行了重复实验，要求被试在尽量不被观众分散注意力的情况下进行演讲。重复实验的结果同样显示，人们倾向于高估自己所表现出来的紧张程度。

此外，研究者们还进行了另一项实验，试图探究：如果提前告知演讲者他们的紧张并没有想象中明显，是否可以减少焦虑？正如他们所预期的，当被试事先被告知社会调查研究的结果后再进行演讲，他们所感受到的透明度错觉显著降低。

我们经常误以为自己内心的想法和感受很容易被周围的人理解，但这种感觉并不准确，因为别人并没有我们想象中那样清楚我们的心理状态。所以，放轻松一点吧！当你担心自己在人前表现得过于紧张时，不妨想想这个实验，以此提醒自己——“我没有想象中那么尴尬，别人也没有那么关注我，是我的大脑在编故事。”

17 没有自恋，只有更自恋

关键词：自利性偏差

有位情感咨询师提及一个颇有意思的现象：在她接触的咨询个案中，

多数女性会将自己描述为“中等偏上”的外貌，如果以10分为满分的话，80%的女性会给自己打6分或更高。问题来了，如果大多数人都是中等偏上的话，这个评价标准是如何成立的呢？

这样的情况并不少见，甚至可以说，在生活中比比皆是。

老司机往往认为自己的驾驶技术优于他人，一旦发生交通事故，他们就会解释说：“我开车二十年了，一直都很稳当，是他突然冒出来的！”

学生考试取得佳绩时，会将其归功于自己的努力和天赋；面对失利的结果时，会将其归咎于天气不佳、裁判不公或对手的干扰。

企业管理者总认为自己能力出众，当公司盈利时，认为是自己管理有方；当业绩下滑时，就认为是市场和经济不景气。

正如美国专栏作者戴夫·巴里所说：“无论年龄、性别、信仰、经济地位或种族有多么不同，有一件东西是所有人都有的，那就是在每个人的内心深处都相信，我们比普通人要强。”

人们常说，最了解自己的人莫过于自己，但人们对自己的认知真的准确吗？

通过上述的这些现象不难看出，人们在自我认知时习惯自我感觉良好，倾向于对自己做出比较好的、有利于自己的评价，哪怕有些已经脱离了客观事实。

人们在加工与自我有关的信息时，为了追求一种积极的自我概念，常常会表现出自我价值保护的倾向，无法客观地衡量个人的成就与损失，这种现象被称为“自利性偏差”。

受自利性偏差的影响，人们在看待成败的问题时，总是倾向于把好的结果归因于自己，而把坏的结果归因于外部，也就是过于“自恋”。这种偏差可能会让人无法客观地看待自己，也无法看清问题的根源，最终做出错误的判断。

18 你的想法能代表其他人吗?

关键词：虚假普遍性

朋友给小林发了一条信息，说家里没有甜品了，让她顺路带一份甜品，作为周末的下午茶。

小林来到甜品店，买了一份“芒果慕斯”，她觉得芒果的味道很清新。谁知，朋友看到她买的甜品后，却做出了捂脸的动作，因为朋友不喜欢吃芒果。

朋友以为，小林会买“黑森林蛋糕”或“提拉米苏”，因为之前的周末下午茶，自己准备的都是巧克力口味的甜品。同样，小林喜欢吃芒果，就以为朋友也会喜欢。

两人都笑了，原来大家都喜欢“以己度人”。

小林按照自己的口味偏好买甜品，以为朋友也会喜欢；而朋友以为，小林会买黑森林蛋糕或提拉米苏，因为自己平时总是准备这些甜品，这种现象叫作“虚假普遍性”。

虚假普遍性，是指人们倾向于认为自己的看法、信念、行为和态度是普遍存在的，或者认为其他人和自己有相同的感受和想法。

美国心理学家李·罗斯的团队曾经做过一个“广告牌实验”：

研究员向部分学生提出了一个问题：你是否愿意在身上挂一个大广告牌，在学校里进行宣传？在知晓了学生的个人意愿后，研究人员请他们预测：其他同学是否也会同意这样做？结果显示：那些表示愿意的学生，往往认为其他同学也会表示同意；而那些不愿意的学生，则倾向于认为其他同学也不同意。

虚假普遍性的存在，往往会让人们高估他人对自己的看法和行为的认同程度，即使这些想法可能是错的，人们仍然会觉得“我这么想没有错，换成别人也会这么想”，以此将自己的错误想法正当化，劝说其他人认同自己的想法和行为。

为什么会出现虚假普遍性的认知偏差呢？

人们在做判断时，往往会依赖手头的信息进行分析，而最直接可得的信息便是自己头脑中的思考。所以，人们倾向于将个人的想法当作关键线索，用以分析他人，进而得出“他人与我相似”的结论。

虚假普遍性往往导致人们对他人的意见充耳不闻，倾向于只与那些认同自己的人交往，而将那些持有不同意见的声音和人排除在外。这样做的结果是什么呢？

恰如康涅狄格大学的哲学教授迈克尔·帕特里克·林奇所言：“一旦

人失去了忍受不同意见的意愿，就失去了获得真正的自我认知的能力。我们拒绝承认在自我之外还存在一个更广阔的世界，这个世界不受我们控制，也不依赖于我们的自我而存在。而你知道，只有认识到自我之外还存在更广阔的世界，我们才能真正理解自己是谁，以及自己不是谁。”

19 我是颜色不一样的烟火

关键词：虚假独特性

在进行投资决策时，人们往往会高估自己，低估庄家和其他投资者的能力。他们常常认为自己不会是最后一个接盘的人，不会陷入被套牢的境地。

然而，大量事实表明，许多投资者的实际能力远低于他们的自我评估。正是由于贪婪蒙蔽了他们的判断，以及对自身独特性的错误信念，他们最终遭遇了失败。

人类的心理既复杂又有趣：犯错或失误时，往往认为这种错误是人之常情，不足为奇；取得了成就时，又倾向于认为自己非凡，认为并非人人都具备这样的智慧和能力。前一种偏差叫作虚假普遍性，后一种偏差叫作虚假独特性。

人们倾向于认为自己的品德、智慧、才气是独一无二的，别人都不如自己，这种认知偏差叫作虚假独特性。

我们总是不自觉地、不可避免地重复陷入“虚假独特性”和“虚假普遍性”的认知偏差中，不是“高估自己”就是“低估他人”，扭曲事实真相。自信固然重要，但这两种现象也提示我们，不要盲目地高估自己的想法和能力，一定要获取足够多的信息和事实，再做判断和决策。

20 永远都只是“我”一个人在忙

关键词：高估贡献程度

“我再也不想和室友一起去旅行了，每次出行似乎都是我在考虑去哪里玩、吃什么、选择哪条路线更合适，这些事情真的很费神，实在是太累了！”

“客户是我邀请的，方案是我撰写的，后续的跟进也是我负责的……虽然说是团队协作，但关键任务几乎都是我独立完成的。一想到这里，我就感到不平，毕竟我们获得的奖金是一样的！”

“我每天负责打扫房间，为全家人准备早餐和晚餐，还要洗衣晾晒，处理没完没了的家务事！平时还得管理水费、电费、燃气费，以及整理换季的衣物……如果可以，我们不妨交换一下角色，以后你来打理家务，我去工作，管理一个家庭实在是太劳累了！”

你是否也经常会有这样的想法？尤其是在与他人共同完成任务时，总感觉自己是付出最多、最操劳的那个，而对方似乎总是轻松的，没付出什么辛劳。这不禁让你心里的天秤有些失衡：“哼，永远是我一个人在忙！”

接下来我要揭晓的事实，你或许会感到难以置信，甚至会让你感到不太舒服：当你觉得自己最忙、最累、功劳最大时，你的“队友”可能也是这么想的，他们也觉得自己是团队中付出最多、贡献最大的人。

心理学家曾邀请多对夫妻参与一项实验，要求他们用百分比来评估自己对家庭生活的贡献，包括照顾孩子、准备餐食、家务劳动等方面。理论上，如果丈夫和妻子都能准确地评价自己，那么他们各自对家庭贡献的百分比之和应该等于100%。

实验的结果是否如此呢？

遗憾的是，参与实验的多对夫妻给出的贡献百分比之和均超过了100%！这一结果表明，在夫妻关系中，至少有一方高估了自己对家庭生活的贡献。

人们经常会夸大自己在与他人合作完成某事的过程中的贡献程度，这是因为自己与他人获取的信息不同，与他人的贡献相比，人们更容易想到自己的贡献。

在过去的一周里，晓琳洗了三次衣服，丈夫同样也洗了三次衣服。丈夫第一次洗衣服时，晓琳正在哄孩子，她只是模糊地听到了洗衣机的声音。另外的两次，由于加班和与朋友约会，她回家比较晚，根本没有看到。

所以，晓琳清楚地记得自己洗了三次衣服，却只是模糊地记得丈夫洗了一次。在她的印象中，这一周的衣服似乎都是她洗的，但事实并不是这样。

过分看重自己的能力和贡献，忽略了他人的付出，是导致自利性偏差的一个重要原因。无论是在工作协作中，还是在家庭生活中，当你感到“只有我一个人在忙活”时，请记得提醒自己，你和周围的人对事情的理解和掌握的信息可能是不一样的。遇到这样的情况时，要多尝试理解和沟通，而不是直接下结论或发脾气。

21 每个人评判事物的标准不一样

关键词：认知错觉

美国大学入学考试委员会进行了一项调研，对象是超过八十万名高中生。

当这些学生被问及自己“与人相处”的能力时，调研结果表明，几乎所有的学生都认为自己的社交能力不低于平均水平。这说明大多数高中生对自己的社交技巧有自信。

“与人相处”的能力是一个主观且模糊的概念，怎样算是善于与人相处，怎样又是不善与人相处？每个人对此都有自己的评判标准，这是导致自利性偏差的一个重要原因。

人们在评估自身的能力时，有一些主观、模糊的概念，会导致自我认知产生偏差。

此时此刻，请你评价一下自己的运动水平，你会如何解答？

运动水平，这又是一个很难精确界定的概念。可能某一次，你成功跑了 8 公里或 10 公里，或是在篮球场上投中过一次“三分球”。当被要求评价自己的运动水平时，你的大脑可能会自动回想起那次长跑带来的成就感，或是投篮成功的辉煌时刻，而忘记那些“划水”的日常。因此，依靠自己心中对运动水平这一概念的模糊认识以及一些有利于自己的记忆，你可能会倾向于认为自己的运动能力还是不错的。

22 如何减少错误的自我认知?

关键词：反向推导

心理学家李·罗斯认为，把功劳归于自己，把失败归于外部，有助于增强自我价值感。心理学家杰夫·格林伯格认为，良好的自我感觉和安全感，可以消除人们对死亡的恐惧。社会心理学戴维·迈尔斯说："认为自己比真实中的自我更聪明、更强大、更成功，这也许是一种有利的策略……对自我的积极信念，同样会激发我们去努力，并在困境中保持希望。"

心理学家们的这些解释，可以帮助我们从更客观的角度去认识自利性偏差。

这种偏差之所以能够延续至今，是因为它对人类的生存具有一定的积极影响。尽管如此，我们也不能忽视，自利性偏差实际上是一种错误的归因方式。如果任其发展，我们很有可能会陷入自恋或无端指责他人的困境，产生人际交往困难。更严重的是，它让我们无法全面客观地看待自己，不能形成正确的自我认知，变得盲目自信、停滞不前。

为了减少自利性偏差的负面影响，我们有必要学会反向推导：取得成就时，先思考一下他人、团队和外部环境对自身的影响，再对自身的能力进行客观评判；遭遇失败时，先反思一下自身的问题所在，再思量外部因素的影响，这样更有利于挖掘自身的成长潜力。

改善自利性偏差不是一朝一夕之事，我们需要在思想上认识到它的潜在破坏力，在行动上持续不懈地寻找解决的办法，并努力地践行，争取把它限制在可控范围内，让它更多地发挥积极的作用，成为对我们有益的助力。

23 一个人会阻挠自己成功吗?

关键词：自我妨碍

考试迫在眉睫，好多内容还没复习，却沉溺于手机和游戏世界。

明天有重要的面试，晚上跑去和朋友喝酒，结果醉得不省人事，错过了面试时间。

面对公司内部的职位竞聘，本有机会晋升为部门主管，却主动选择了退出。

下周有一场关键的比赛，却故意用冷水洗澡，结果感冒发烧了。

你是否也曾有过类似的经历？这些行为看起来有点“不合逻辑”，明明对某件事情很在意，却没有朝着预期的方向前进，甚至在不知不觉中选择了相反的道路，为什么会这样呢？

为了回避或降低不佳表现所带来的负面影响，故而采取任何能够使失败原因外化的行为和选择，在心理学上叫作自我妨碍。

在现实生活中，自我妨碍常常会以下面的几种方式呈现。

（1）事前故意不做好准备。

（2）给对手提供有利的条件。

（3）在任务开始阶段敷衍懈怠。

（4）遇到困难时不付出全力。

自我妨碍看似是一种故意的破坏行为，然而其真正的意图是自我保护。

当我没尽全力时——“如果我失败了，别人会觉得我的失败情有可原。”

当我付出全力时——“如果我失败了，别人会认为是我的能力不行！”

当个人的自我形象与行为表现紧密相连时，人们往往难以接受自己全力以赴却遭遇失败的结果；相比之下，如果失败是其他因素导致的，人们则更容易接受。

如果主动给自己设置一些障碍，把有可能会发生的失败归因于一些暂时的或外部的因素，而不是自身的能力不足，就可以保护自己的自尊。要是在设置障碍的情况下，仍然把事情做成了，刚好也可以提升自我形象。

自我妨碍能在短期内缓解失败带来的心理压力，但从长远的角度来看，并不是自我管理的有效手段。研究指出，习惯采取自我妨碍策略的人，心理调节能力较差，面对挑战时更易选择拖延、逃避和放弃，降低获得成功的可能性。

24 你的人生是谁在操控？

关键词：控制点理论

你认为命运是由自己主宰的，还是被不可见的外力操控的？

当幸运之神降临时，你认为是自己应得的奖励，还是运气的眷顾？

当不幸之事发生时，你认为是自己的责任，还是宿命的安排？

每个人在生活中都会面临这样的思考，从心理学的角度来看，上述问题涉及个体对行为结果的归因方式——你认为自己的行为与遭遇之间是否存在一条无形的因果链？

1954年，心理学史上颇具影响力的行为主义学者朱利安·罗特提出了控制点理论，该理论的核心是“控制点”，即一个人认为行为结果是由内在因素（自己可以控制的因素）决定的，还是由外在因素（环境或他人）决定的。

罗特认为，控制点的形成受早期的生活经验、教育和社会环境的影响，可以分为内控和外控两种类型。内控个体认为，发生在自己身上的事情是自身行为与努力所致；外控个体认为，发生在自己身上的事情是机会、运气和外部力量所致。

在社会认知中，控制点非常重要。如果一个人倾向于认为命运是由自己掌控的，他会通过努力去应对各种挑战，不断地积累成功经验，这正是自我效能感的来源；反之，如果一个人倾向于认为是外部力量决定了自己的命运，他会认为努力毫无意义，不自觉地按照已知的预言行事，最终令预言成真。

25 为什么人有时会放弃努力?

关键词：习得性无助

“一切都是天意，一切都是命运，终究已注定……”小森哼着这首老歌，心里感叹着自己“不得志”的人生。

小森从小勤奋好学，一直很努力。大学毕业后，他满怀信心地踏入求职市场，却遭遇了前所未有的挫折。面试屡屡受挫，那些看似唾手可得的职位，总是在最后一刻与他擦肩而过。他开始怀疑自己的能力，是不是自己真的很差劲?

为了证明自己，小森参加了无数次考试，无论是公务员考试还是企业招聘，但总是不中。渐渐地，小森开始产生一种深深的无力感，他不再相信自己能够改变现状，不再尝试新的方法，甚至不再期待成功，觉得自己注定就是个失败者。

心理学家们发现，当一个人反复在某项任务上遭遇失败，他很有可能会放弃努力，并开始怀疑自己的能力，认为自己“这也不行，那也不行”。

实际上，此时的他并非“真的不行”，而是陷入了“习得性无助”。这种心理状态会让人为自己筑起障碍，将失败归咎于自身无法改变的因素，从而丧失继续尝试的勇气和信心。

习得性无助，是美国心理学家马丁·塞利格曼 1967 年在研究动物行为时提出的概念，即个体在长期遭受无法预测或控制的负面事件后，逐渐失去改变或掌控情况的信心，认为付出再多的努力也无济于事，最终选择不再反抗。

塞利格曼最开始用狗进行了一个实验：起初，把狗关在笼子里，只要蜂鸣器一响，就对狗施以难受的电击，狗关在笼子里逃避不了电击。多次实验后，蜂鸣器一响，在电击前，哪怕已把笼门打开，狗也不会逃跑，而且没等电击出现，它就倒在地上开始呻吟和颤抖，原本可以主动逃跑的它，绝望地等待着痛苦的降临。

1975 年，塞利格曼以一群大学生为被试，结果也有相同的发现。他将这些大学生随机分成三组：给第一组学生听一种噪声，他们无论如何都不能让噪声停止；给第二组学生也听这种噪声，但他们可以通过努力使噪声停止；第三组学生是对照组，不听噪声。

当被试在各自的条件下进行一段时间的实验后，再要求他们进行另一个实验。这个实验装置是一个“手指穿梭箱”，当被试把手指放在穿梭箱的一侧时，就会听到一种强烈的噪声，而放在另一侧时则不会出现这种噪声。

实验结果显示：在原来的实验中，能够通过自身努力使噪声停止的被试，以及没有听噪声的对照组被试，他们在“手指穿梭箱”的实验中，学会了把手指移到箱子的另一侧，使噪声停止。然而，第一组被试，就是在原来的实验中无论如何都无法让噪声停止的被试，他们任由刺耳的噪声拼命地响，也不把手指移动到箱子的另一侧。

习得性无助宛如一片心理沼泽，陷入其中的人，总是绝望地目睹自己逐渐沉没，却不采取任何的自救行动。他们认为自己无法自救，缺乏自救的能力，实际上，真正束缚他们行动和自救的“枷锁”，是扭曲的认知和顽固的思维。

塞利格曼提出，消极的行为事件或结果本身并不必然引发无助感，而是当个体感知到这些事件或结果难以被自己控制和改变时，无助感才会产生。

习得性无助是人在面对痛苦的时候自发产生的一种动物本能。想要消除习得性无助，最重要的是改变不良的归因模式，不要总把失败归因于能力，一次没做好不代表下一次、下下次都做不好。面对挑战，要不断尝试，增加重复次数与强度，为自己累积优势。

PART 03

我们能客观地看待世界吗？

26 人类一思考，上帝就发笑

关键词：认知偏差

请各位思考一个问题：我们的大脑，究竟是勤奋的，还是懒惰的？

或许有人认为，作为思维与理性的管理者，以及控制言语和行为的指挥官，大脑必然是勤奋、高效的执行者。然而，这实际上只是我们对大脑一厢情愿的美好想象。

脑科学家们指出，大脑天生会被惰性的行为所吸引。换句话说，大脑天生就是懒惰的，完全无法抗拒诱惑。因此，在工作或生活中，我们总是倾向于采用固定化的处理模式，害怕改变，倾向于避开全新的挑战和不熟悉的事物。

为什么大脑喜欢懒惰呢？答案就是，节约能量以防不测。

从能量消耗的角度来看，人类大脑每天所需的能量约占总能量的20%。在远古时期，能量的保存对于人类的生存至关重要。因此，大脑的惰性实际上是一种进化过程中保留下来的生存策略。为了减轻处理信息的负担并节约能量以应对潜在的紧急情况，大脑倾向于采用固定化的处理模式，自动简化复杂情境。

大脑的懒惰本能，加之个人信念、经验、价值观以及偏见等主观因素的影响，使得我们无法完全客观地看待世界。在面对复杂情境时，我们对事物的感知和判断会产生偏差。

有句谚语说：“人类一思考，上帝就发笑。”其实，这句话就是在揭示，人类的认知与思考存在局限性，要保持谦逊与敬畏之心，不要过分高估和轻信自己觉知到的事物或想法。

在日常生活中，我们必须依靠自己的判断力来做决策，同时也要接受认知偏差对这些决策结果的影响，这无疑是一项极具挑战性的任务。我们无法彻底消除认知偏差，但可以勇于承认自己的无知，摒弃无谓的傲慢，保持开放的心态，培养批判性思维和独立思考能力，尽可能地从多个角度分析问题，以减少主观因素对决策的影响。

切记，永远不要狂妄自大，否则嘲笑你的将不仅仅是上帝。

27 智者承认无知，愚者自以为是

关键词：达克效应

1995 年，匹兹堡的一名男子在众目睽睽之下，大摇大摆地抢劫了一家银行。由于他“全脸出镜”，警方迅速将他捉拿归案。然而，抢劫犯感到十分困惑，因为他在脸上涂抹了柠檬汁，觉得这样自己就不会被看见了。

原来，这位抢劫犯掌握了一个知识：用柠檬汁写下的字迹只有在接触热源的时候才会显现。于是，他就把柠檬汁涂在了脸上，以为这样能让自己“隐形”。

这一事件引起了心理学家大卫·邓宁的浓厚兴趣，他与贾斯汀·克鲁格携手进行了一项实验，并提出了著名的“邓宁-克鲁格效应”，也称“达克效应”。

达克效应描述了个体在执行特定任务时，对自己能力的自我评估出现偏差的现象。尤其是那些实际能力较低的人，他们倾向于对自己的能力进行过分乐观的估计，有时甚至认为自己超过了平均水平。相对地，那些实际能力较高的人则倾向于低估自己的能力。

达克效应揭示，人在认知层面分为四个层次：

第一层：愚昧山峰，不知道自己不知道。

第二层：绝望之谷，知道自己不知道。

第三层：开悟之坡，知道自己知道。

第四层：平稳高原，不知道自己知道。

苏格拉底被誉为“哲学家的典范”，可他自己却说：“我唯一知道的，就是我一无所知。”之所以这样说，是因为他认识到，人类对真理和知识的理解仅触及了冰山的一角，而宇宙的奥秘是无边无际的；人类的认知能力是有限的，难以彻底洞悉事物的本质和真相。

很多人错误地认为，在人前表现出自己不了解、不具备或不擅长某种领域的知识或能力，会显得很笨拙、很愚蠢，会遭人耻笑。其实不然，意识到自己的无知，并承认自己所处的是未知领域，这是对智慧真正追求的体现。

越是知识丰富的人越能意识到自己的不足，也越能发现、承认和学习别人的优点；相反，总是自我感觉良好，在人前表现出令人费解的“迷之自信”和“莫名的优越感”，才是最大的愚蠢。正如邓宁和克鲁格所言，一个人对能力的认识也是需要能力的。

28 你只能看见自己想看见的

关键词：选择性注意

你今天选择了一件棕色的毛衣出门，结果发现周围的店铺橱窗里展示的全是棕色毛衣，街上也有不少人穿着和你相似的衣服。到了公司，你跟同事说：“哎，我今天和很多人都撞衫了！现在很流行棕色吗？”同事一脸疑惑：“我没觉得呀！穿什么颜色的都有。”

你打算买一辆白色的汽车，行走在路上，你发现到处都是白色的汽车。你跟朋友说：“现在多数人买车都会选白色，是不是这个颜色更安全？”朋友不会开车，也没关注过汽车，她淡淡地回了一句：“是吗？我都没注意到。”

生活在同一个世界，身处同一座城市，甚至乘坐同一趟地铁，为什么你观察到的某些事物，别人却没有留意到呢？答案就是，人只能看到自己想看到的东西！

1999年，哈佛大学心理学系的助理教授丹尼尔·西蒙斯和研究生克里斯托弗·查布利斯共同设计了一项名为“看不见的大猩猩”的实验。

实验的被试是一群哈佛大学的学生，研究员给他们播放了一段篮球比赛的视频，要求他们记录穿白色球衣的球员传球的次数。然而，待视频播放结束后，研究员却提出了一个出人意料的问题：你们有没有看到球员之间走过一只大猩猩？

被试们很困惑，纷纷质疑怎么可能有大猩猩？超过50%的被试表示，他们没有看到大猩猩。这个实验重复了多次，结果都是一样的。有趣的是，被试们在意识到这个问题后，重新观看了视频，他们惊讶地发现，确实有一只大猩猩在球员中穿行，且在镜头前停留了8~9秒，而他们之前完全没有注意到！

人的注意力是有限的，无法同时注意所有呈现的刺激，只能有选择地注意某一刺激，忽视环境中同时出现的其他刺激，这种现象叫作选择性注意。

选择性注意会把人的认知资源集中在特定的刺激或信息源上，同时使人忽略环境中其他的东西。同样的时间，同样的环境，不同的人把注意力停留在不同的事物上，看到的景象和内心的感受也是截然不同的。很多时候，我们认定的事实，可能只是选择性注意的结果。

29 坏事怎么可能发生在我身上？

关键词：过度乐观

庞贝古城，这座公元前6世纪辉煌一时的城市，坐落在意大利南部那不勒斯附近，曾是古罗马仅次于首都的繁华都市。然而，在公元79年，维苏威火山的猛烈喷发彻底改变了这座城市的命运，将它的繁华一并埋葬。

庞贝古城位于维苏威火山的东南侧，距离约10公里。公元初期，由于著名地理学家斯特拉波的错误判断，人们误以为维苏威火山是一座死火山，严重低估了它潜在的危险性。

公元62年，庞贝古城经历了一场剧烈的地震，许多建筑在这次震动中倒塌。尽管如此，庞贝的居民们并未感到恐慌，他们相信这只是暂时的困扰，生活很快会恢复正常。

17年后，即公元79年的8月，庞贝地区再次发生地震。这次地震，作为火山即将喷发的预警信号，依旧没能引起大多数庞贝居民的重视，只有极少数人选择了逃离这片即将遭受灭顶之灾的土地。几天之后，维苏威火山终于爆发，厚达5.6米的火山灰如洪水般倾泻而下，将庞贝古城彻底掩埋。

直到1748年，考古学家在挖掘过程中发现了被火山灰紧紧包裹的人体遗骸，这才揭开了公元79年那场灾难的真相。通过对庞贝遗址的深入研究，人们发现，在灾难降临时，许多居民仍在进行日常活动。实际上，从火山开始喷发到火山灰覆盖全城，他们有足够的时间逃离。遗憾的是，庞贝的居民们没有在意，主动放弃了逃生的机会。

20 世纪 80 年代，加拿大滑铁卢大学心理学教授、社会心理学家齐瓦 · 孔达指出，人们存在“过度乐观”的心理倾向，即认为好的事情更容易发生在自己身上，而坏的事情则不容易发生在自己身上。这就使得人们在评估自己遭遇不同事件的概率时，经常会出现偏差。

古语有云：“未雨绸缪，方能防患于未然。”许多灾难在发生之前，都会有警示的征兆。然而，人们往往因为过度乐观，并未给予足够的重视，甚至在灾难临头之际，还认为一切安好，不采取必要的预防措施，耽误挽回的最佳时机，最终酿成大患。

30 蹩脚的预言家

关键词：规划谬误

临近毕业，你开始撰写论文，计划用两个月完成。很快，两个月就过去了，你连资料都没有收集全，电脑上的文档依旧空空如也。

上司交给你一项新任务，你满怀信心，认为凭借十年的工作经验，两天内就能做一个初稿。可实际操作后，你意识到这项任务远比想象中复杂，一周过去了，初稿仍未完成。

你原本以为，通过节省开支就能在两个月内存下5000元。可是，两个月过后，你不仅没有存下钱，反而还用信用卡透支了1000元。

我们总是自信地认为，可以在既定的时间内妥善地处理好一些事，可当实际执行时，却往往发现事情并不如预想得那么顺利，常常会陷入无法按计划完成任务的困境，验证了丹尼尔·吉尔伯特在《撞上快乐》中的说法："对于那些使我们幸福的事，我们通常是一个蹩脚的预言家。"

心理学家丹尼尔·卡尼曼与阿莫斯·特沃斯基研究发现，人们在预测未来任务的完成时间时，往往会低估任务的复杂性或所需时间，这种现象被称为规划谬误。

相关研究显示，无论是在学业任务上，还是在日常生活中，规划谬误都是普遍存在的，预估错误的概率为20%~50%。这种情况不只出现在个人身上，悉尼歌剧院预计在4年内完成，实际上却用了14年；波士顿的"大开挖"高速公路建设项目，原本计划用5年的时间完成，实际上却用了16年。

规划谬误是一种认知偏差，其根源在于人们往往以过于乐观的视角审视自身及周遭世界的发展和未来的完成情况，忽视了执行过程中可能遇到的种种障碍和困难，从而不自觉地低估了完成任务所需的时间。

然而，一旦项目启动了，真实的挑战便会浮现，这都需要用额外的时间来解决，致使原先估计的时间捉襟见肘。为了降低规划谬误的风险，我们可以采取以下策略：

（1）借鉴历史数据，参考以往完成类似任务所需的实际时间。

（2）邀请第三方进行时间评估，以获得更客观的估算。

（3）设定时间估算区间，并考虑加入缓冲时间。

（4）在情绪低落时制订计划，以减少过于乐观的预期。

31 我们总是会“自信地犯错”

关键词：控制错觉

日本有一家保险公司，发行了一批头等奖为500万美元的彩票，并将彩票以每张1美元的价格卖给自己的员工。有一半员工的彩票是自己选的，另一半员工的彩票是卖票人选的。

在抽奖当天，公司对购买彩票的员工进行了调查，并询问他们是否愿意将彩票转让给其他想参与的人。你认为，这些持有彩票的员工会以怎样的价格出售他们的彩票呢?

调查结果显示：那些没有亲自挑选彩票的员工，给出的平均售价是1.96 美元；而那些亲自挑选彩票的员工，给出的平均售价是 8.16 美元。这一结果说明，亲自挑选彩票的员工，相信自己所选的彩票中奖概率更高。

亲自购买的彩票，真的比别人挑选的彩票更容易中奖吗？很显然，这是一种错觉。

人们往往错误地认为自己能够掌控那些极其偶然的事件，这种心理现象被称为控制错觉。控制错觉的形成源于日常生活中的自主控制感，人们会将这种控制感扩展到偶然事件上。

偶然事件受到概率的限制，但每一次具体的结果是无法预测和控制的。无论是别人替你买的彩票，还是你自己买的彩票，中奖的概率是一样的。尽管人们在理智上理解这一事实，但在现实生活中，仍然坚持错觉带来的判断，认为自己“精心挑选”的彩票更有可能中奖。

控制错觉让很多人坠入了赌博的深渊，难以自拔。我们需要警惕这种心理现象，多多提醒自己：面对偶然事件时，不要“自信地犯错”。

32 人并不擅长预测将来的感受

关键词：情感预测偏差

美国哈佛大学的心理学教授丹尼尔·吉尔伯特，是情感预测研究领域的先锋。

1993 年左右，吉尔伯特遭遇了一系列沉重打击：导师与母亲相继去世，婚姻面临危机，孩子在学校状况百出……这一切看起来是如此的糟糕，似乎没有好转的希望。

可是，仅仅一年之后，当吉尔伯特与同事兼好友、心理学家威尔逊回顾这段经历时，他突然意识到，那些自己曾经认为会彻底摧毁自己的糟糕事件，并没有想象中那么糟糕。这一发现激发了吉尔伯特和威尔逊对情感预测研究的热情，他们共同提出了“情感预测”的理论，并对其进行了深入的探索。

情感预测研究显示，人们在尝试预测自己将来会有什么样的情绪感受时，往往会存在较大的偏差，经常会高估或低估自己将来情绪的强度和持续时间。

面对生命中那些重要的人和重要的决定，我们大都会考虑到未来的感受。有些时候，我们能够清楚地知道自己会有怎样的感受——考试通过会感到喜悦，输了比赛会感到沮丧；但也有些时候，我们会错误地预测自己的感受。

在失恋的阴霾中，我们常将对方视为生命中的至爱，深信自己再也无法找到幸福；在微醺的酒意中，我们又把朋友情谊看得比什么都重要，坚信未来无论何时对方需要，自己都会义无反顾地伸出援手……这些时刻，几乎每个人都曾经历过。然而，随着时光的流逝，再回首那些瞬间，彼时那份浓烈的情感和情绪，早就悄无声息地消散了。

在漫长的人生中，我们不可避免地会遭遇挫折不幸，体验到痛苦。然而，重大的负面事件也会激发人的心理防御机制，使得痛苦的持续时间实际上更为短暂。我们不要低估心理免疫系统（包括合理化、淡然处之、宽恕和限制情绪创伤）的反应速度和强大力量，也不要过分高估失去、拒绝、挫败等带来的压力和伤害。事实上，人的心理是极具韧性的，它虽柔软、脆弱、易受伤，但同时也拥有强大的恢复力。

33 幸福不是某一件事物决定的

关键词：聚焦错觉

没有房的时候，温迪整日想着，要是有一套自己的房子该多好。那样就不用频繁搬家，可以拥有一个稳定的居所，按照自己的喜好布置房间，周末邀请朋友来家里聚会，逢年过节也能在温馨的家中与家人共度时光，不必再为寻找合适的住处而奔波。

今年夏天，温迪终于拥有了属于自己的房子。可是，入住新居的喜悦心情只持续了很短的一段时间。工作上的烦恼依旧如影随形，人际关系的困扰也并未因此减少；房子需要定期打扫和维护，偶尔还会出现一些设施故障需要修理；房贷的压力也让温迪时常感到焦虑。原以为有了房子会无比幸福，实际上她并没有自己想象中那么开心。

人类存在情感预测偏差，无论是积极还是消极的事件，都常常倾向于过度放大它们对个人幸福感的影响。实际上，我们所关注的那些事物并不会带来想象中的巨变，只不过我们过分聚焦于某一事物，忽略了其他可能同时发生的事情，而这些事情可能会减轻失败的痛苦或冲淡当前的幸福感受。

当人们全面评估自己的生活时，往往会过分集中于当前某些显著问题，而忽略了其他可能影响情感的因素，这种心理现象叫作“聚焦错觉”。

丹尼尔·卡尼曼与同事戴维·施卡德曾对来自加利福尼亚州（以下简称“加州”）和俄亥俄州、密歇根州等中西部地区的大学生进行了一项实验，目的是探究两个问题：第一，加州的居民是否比其他州的居民更幸福？第二，公众为何认为加州居民相对更幸福？

实验结果表明：加州和中西部的大学生在对人生满意度的评价上并没有显著差异。然而，他们对气候的态度却大相径庭。加州的大学生偏爱温暖、阳光普照的气候，而中西部地区的大学生则对当地夏季酷热、冬季严寒的气候感到不满。

很显然，气候不是幸福的决定因素，但这项实验却反映出，人们往往错误地认为气候宜人的加州居民更幸福。不可否认，加州的阳光令人愉悦，可那里也存在房价昂贵、交通拥堵等问题。人们之所以出现这样的聚焦错觉，是因为过分强调气候因素，忽视了其他影响幸福的关键要素。

卡尼曼指出，人们在判断自身幸福感时，往往倾向于使用容易回忆的片段来代替对整体的判断，并且会受到当日情绪以及评估前关注的事物的影响。

聚焦错觉本质上是注意力过度集中于某个特定方面，导致被集中关注的信息扭曲了人的感知和情感，用一个生动的比喻来说，就是“一叶障目，不见泰山”。所以，它常常会影响判断的精确度和客观性。为了规避聚焦错觉，我们应时刻提醒自己，影响一个情境的因素是多方面的，并且应用多角度和不同的思维框架去审视问题，正如卡尼曼所指出的：“生活中没有任何事物，与你在思考它时所认为的那样重要。”

34 心动的感觉就是爱情吗？

关键词：吊桥效应

某日，艾米丽和朋友杰克去一座著名的吊桥附近徒步。这座吊桥横跨在两座翠绿的山峰之间，风景如画，令人心旷神怡。然而，他们走到吊桥中间时，天空变得阴沉，瞬间刮起了大风。桥面在风雨中摇晃，艾米丽和杰克尽量保持镇定，他们紧紧握住对方的手，以防万一。

在这个紧张的时刻，艾米丽发现自己对杰克的依赖感越来越强，而杰克也展现出了前所未有的责任感和保护欲。在飘摇之中，他们小心翼翼地前行。吊桥上的经历让艾米丽对杰克产生了一种微妙的情感连接。

这次徒步过后，艾米丽和杰克之间的联系变得频繁，她试图在日常的交流中寻找那天在吊桥上的感觉，但情况和她预想得不太一样。随着时间的推移，艾米丽开始怀疑，那天的心动感觉究竟是爱情，还是在特定的环境下对杰克产生的特殊情感？

对某人产生“心动的感觉”，有时是因为真的喜欢，有时是因为吊桥效应。

当人们身处高压力或危险的情境时，将自身的紧张、激动情绪误解为对身边的人产生了好感的现象，在心理学上被称为“吊桥效应”。

心理学家唐纳德·达顿和阿瑟·阿伦进行了一项吊桥实验：

在一座高危的旅游观光桥上，让一位经过训练但不知实验预期的美女被试站在桥中央。当有18~35岁的男士单独经过时，她会带着紧张的情绪走到他身边，邀请他完成一份问卷和一份主题统觉测验。她告诉这些男士，如果想了解问卷结果，可以给她打电话，并留下了电话号码A。在另一个对照实验中，地点换成了一个坚固的石桥，其他条件保持不变，只是留下的电话号码变为了B。

一段时间后，大多数完成问卷的男士都拨打了电话号码A，只有极少数拨打了电话号码B。对比他们所讲述的故事，按照限制级分为1~5个等级，电话号码A的来电者的分数更高，讲述的话题也更为大胆，对美女的好感度也更高。

在充满危险的环境中，人们往往会经历惊讶、恐惧等基本情绪，并表现出心悸、出汗、呼吸急促、心跳加速和肌肉紧张等生理反应。这些反应与恋爱时的心动感觉颇为相似，导致大脑错误地将这些生理反应归因于身旁的人，因此人们可能会错误地认为自己对当时在场的异性产生了好感。实际上，这不过是大脑的一种错觉，一种扭曲的认知反应。

35 人们为何会将错就错？

关键词：协和谬误

寒冷的冬夜，你原本打算坐公交车回家，等了20分钟后，车辆依旧未至。你闪现了一个念头：“打车回家？”然而，你随即又想：“已经等了这么长时间，现在打车岂不是太不划算？如果公交车马上就来了怎么办？唉，再等会儿吧！”

你在新公司工作了三个月，即将迎来转正的时刻。实际上，你感觉这份工作和公司的整体氛围并不是很符合自己的期望。可是，你已经坚持了三个月，即将摆脱只领取80%工资的状况，成为正式员工。现在辞职，是不是太亏了？

我们在生活中经常会遇到类似的情境：买了电影票，结果发现影片很难看，为了不浪费这笔钱，耐着性子看到结尾；在高档餐厅用餐，虽然已经吃饱了，但看到盘子里还有剩余，宁愿撑着也要把东西吃完……为什么我们情愿让自己难受也要这么做呢？

经济学中将一些已经发生、不可回收的支出，如时间、金钱、精力，统称为“沉没成本”。人们出于想要挽回成本的心理，在当下做决策时总是会把之前的投入考虑进去，结果就掉进了协和谬误的思维陷阱。

协和谬误是指，当人们在某项活动上投入了成本，即使进展到一定程度后发现继续下去不再合适，也会因为不愿放弃之前投入的金钱、时间、精力等沉没成本，而选择将错就错。

从理性的角度来说，沉没成本不应该成为当前决策的考量因素，因为它代表的是过去，是指由于过去的决策而发生了的，不能由现在或将来的任何决策改变的成本。这一点对我们的生活有很大的启示：昨天的成本已经付出了，是赢是亏都是昨天的支出，无法追回。如果总是后悔莫及、悔不当初，不仅无济于事，还会给自己制造更多的痛苦。

36 愿望是怎么把人带偏的？

关键词：愿望思维

喵喵决定减肥，她尝试控制饮食并加强运动，但体重似乎顽固地停滞不降。这让她感到沮丧，对通过饮食和运动减肥失去了信心。这时，朋友向她推荐了一款减肥咖啡，并极力劝说喵喵尝试。

喵喵购买了两盒咖啡，带着希望开始了她的减肥之旅。这款名为“减肥咖啡”的产品，并非像药物那样能立即见效，而是需要配合其提供的低热量食谱。喵喵遵循食谱的指导，严格控制食物的摄入量和种类。

第二天早上，她满怀喜悦地发现体重减轻了1.2斤，这让她信心倍增。喵喵兴奋地向朋友分享她的体验："这款咖啡真的有效！"

大量的事实和研究表明，在感知和理解信息的过程中，人们往往会不自觉地加入主观因素，尤其是在做判断时，很难完全摆脱主观意愿和偏好等因素的影响。

当人们希望某个想法或概念为真的时候，往往就会相信它是真的。这种以主观愿望影响信息处理和决策的现象，被称为"愿望思维"。

减肥的核心在于制造热量差，即便不饮用这款咖啡，只要遵循低热量的饮食计划，体重同样可以下降。然而，喵喵心中有一个强烈的愿望——"这款咖啡能帮助我减肥"，这个愿望影响了她的思考和推理。第二天体重的减少，恰好符合了她的期望，因此她便将体重减轻归功于咖啡有效。

通常来说，对于期望的结果在心理和情感上投入越多，愿望思维的影响越大。当人们无法理解或改变某种状况时，很容易陷入一厢情愿的思维陷阱，产生不切实际的期望，或是做出错误的决策。

37 算命先生真的会预测吗？

关键词：巴纳姆效应

当人们遭遇经济困境时，常常会求助于算命先生，希望得到指引，找到摆脱困境的途径；或是在新一周开始前，查阅星座运势，试图预知未来可能发生的情况，以便做到“心中有数”。

有意思的是，无论是算命先生的建议还是星座运势的预测，似乎总能提供一些“精准”的结论或判断，比如：“在一个陌生的新环境中，你会表现出极度的谨慎”“你的思维保持开放，但在某些特定时刻，你会坚定地维护自己的观点”“你对生活的态度并非一成不变，更多时候，是乐观与悲观交织”。

为什么算命先生说的话、星座运势给出的预测，总是那么准？难道说，命运真的是与生俱来的？时运真的和星座天象有关？其实，这一切都是“巴纳姆效应”的表现。

巴纳姆效应是指，人们往往倾向于相信那些广泛且含糊的人格描述，认为这些描述精确地描绘了自身的性格特征。实际上，这些描述本质上是模糊不清的，且具有普遍性，用在任何人身上都是适合的。

在现实中求助算命先生的人，往往都是迷失自我的人，很容易受到外界的暗示。当他们遭遇不如意、陷入情绪低谷时，对生活失去了控制感，安全感也受到了威胁，心理依赖性增加，受暗示性也比平时更强。

算命先生借助巴纳姆效应，揣摩了当事人的内心感受，很有讲究地抛出那些听起来很有道理，实则适用于绝大多数人的话，稍微给予求助者一些理解和共情，求助者立刻就会受到一种精神安慰。算命先生接下来说的放之四海而皆准的话，求助者自然就会深信不疑。

所谓算命和运势预测，就是运用心理学中一部分内容做推演，断章取义，没有科学依据，最终利用人性的弱点为自己牟利。当生活遭遇滑铁卢的时候，不要急着去找算命先生，求他帮自己预测未来。我们的命运掌控在自己手里，学会转换思维，看到事情的另一面，往往就能跳出固有的思维模式，打破不合理的信念，依靠自己的力量走出困境，改变人生。

PART 04

他人是如何影响我们的？

38 竞争者的存在有什么意义?

关键词：社会唤醒效应

美国印第安纳大学的心理学家诺曼·特里普利特，在审视1897年美国自行车联赛时，发现了一个引人注目的现象：那些在他人竞争压力下或受他人影响的自行车运动员，往往比那些独自与时间赛跑的运动员表现得更为出色。在将自己的直觉发现公之于众之前，特里普利特决定通过实验室研究来验证自己的观察和推测。

他招募了40名当地儿童参与一个实验，要求他们尽可能快地缠绕鱼线卷，每个鱼线卷都固定在一个Y形框架上。实验中，儿童们有时被要求单独工作，有时则是两人一组共同完成。实验结果正如特里普利特预想的那样：当儿童们一起工作时，他们的速度明显加快。特里普利特总结道："另一位竞争者在场会激发选手的潜能。"

这一结论激发了众多研究者的浓厚兴趣，他们纷纷开始深入探究他人在场与个体表现之间的复杂关系。然而，大量实验结果表明：他人的存在，在某些情况下会起到社会促进作用（提升被试的任务表现），而在其他情况下则可能产生社会抑制作用（干扰被试的任务表现）。对于这种不一致的结果，研究者们在很长一段时间中都感到困惑。直到1965年，心理学家罗伯特·扎荣茨提出了"社会唤醒效应"，揭示了他人在场为何会对个体产生既促进又抑制的矛盾效果。

扎荣茨认为，他人在场会使个体的优势反应得到加强，但这种增强效应仅适用于简单或已经熟练掌握的任务；对于复杂任务而言，正确答案通常不是优势反应，在这种情况下，唤醒往往会增强错误反应。

无论是自行车选手骑行，还是儿童缠绕鱼线卷，这些活动对他们来说都是熟悉的、简单的，他们对此类任务很容易做出正确反应。因此，他人在场就会激励个体提高完成任务的表现。相比之下，学习新知识、进行迷宫游戏、解答复杂的数学题等，都属于比较困难的任务，这些任务的正确反应不易迅速做出。因此，他人在场就会增加个体错误反应的频率。

由此可见，他人在场或是与他人一起工作，并不总是给个体带来社会促进的作用，这取决于个体对工作任务的熟悉程度，以及工作任务的难度。在完成简单任务时，他人在场可以带来社会促进，可随着任务难度的增加，社会促进作用就会逐渐下降。

39 陌生人会影响我们的行为吗？

关键词：纯粹在场

心理学家曾进行了一项名为“5美元电池实验”的研究：

实验员给被试5美元，要求他们前往商店购买一块电池，剩余的钱可以自行保留。在被试挑选电池的过程中，实验人员会适时地扮演顾客的角色，出现在他们旁边。

按照常理来说，被试选择的电池价格越低，自身的收益越大，可他们在现实中真的会这样做吗？实验结果显示：在电池货架周围没有其他顾客的情况下，仅有33%的被试购买了最昂贵的名牌电池；当身边出现一名顾客时，42%的被试选择了最贵的电池；当身边的顾客数量增至3人时，63%的被试都购买了最贵的名牌电池。

社会心理学家尼古拉斯·科特雷尔通过实验证实，如果个体认为在场的他人正在评价自己，其优势反应就会明显改善；而且他人评价引发的自我关注，也会干扰个体熟练掌握的自动化行为。

可是，在上述的实验中，被试周围的顾客都是素未谋面的陌生人，既不会过分关注他们的行为，也不会发表任何评论，为什么这些陌生人的存在依然会影响被试的购物选择呢？

扎荣茨认为，即使没有评价顾虑和分心，他人的“纯粹在场”也会引发一定程度的唤醒。

许多长跑者会因为有人跟自己一起跑而受到激励，即使那些人不是自己的竞争对手，也不会对自己进行评价，只是“纯粹在场”就会对他们产生影响。

40 人是唯一能够接受暗示的动物

关键词：易受暗示性

在某些情况下，人们会错误地感知到静止的图像或物体在移动，这种似动现象通常发生在观看连续的静态图像时，因为视觉暂留效应，人脑会将这些静止的图像解释为连续的运动。

美国西北大学的心理学家罗伯特·雅各布斯与唐纳德·坎贝尔，曾经利用似动现象做了一个实验：他们故意让助手夸大估计光点移动的距离，之后助手离开实验室，再让真正的被试开始实验，继续估计光点的移动距离。虽然这种夸张的错觉在逐渐减弱，但依然持续到了第五名被试。

人们对现实的看法未必都是自己的观点，因为人类有易受暗示性，会不自觉地受到周围人的影响，从而形成一个群体规范，哪怕这个规范是错的。

在日常生活中，人类的易受暗示性是普遍存在的，且十分有趣。

比如：当周围的人心情愉悦时，我们往往也会感到快乐；反之，当他们感到悲伤时，我们也会不自觉地产生类似的情绪。此外，在同一社会团体或群体中，成员们往往容易共享相似的情绪状态，这种现象被英国谢菲尔德大学的心理学教授彼得·托特德尔称为“心境联结”。

41 为什么打哈欠会传染？

关键词：变色龙效应

心理学家罗伯特·普罗维尼进行了一项颇为有趣的实验：

研究员邀请一组被试观看一段5分钟长的视频，视频中有一位男子在不断打哈欠。实验结果显示：在观看视频的过程中，有55%的被试跟着打起了哈欠。因为看到打哈欠的脸庞仿佛是一种刺激，能够触发人们固有的打哈欠行为模式。

美国心理学家谭雅·查特朗和约翰·巴奇认为，人们在社会交往中存在“变色龙效应”，即个体会无意识地模仿他人的动作，包括打哈欠、表情、口音、情绪、呼吸频率等。

变色龙效应的存在，通常会让个体在没有明确意图的情况下做出与他人一致的行为，而行为本身又反过来影响个体的态度和情感，使其对他人的心境感同身受。

42 期望的魔法

关键词：皮格马利翁效应

皮格马利翁是古希腊神话中的塞浦路斯国王，以其精湛的雕刻技艺闻名。他所创作的雕像无不栩栩如生，生动逼真。后来，因为遭受了母亲和初恋情人的遗弃，皮格马利翁发誓终身不娶，也不再创作女性雕像。

某日，皮格马利翁打算用象牙雕刻一位掷铁饼的健壮青年，结果却出乎意料地雕出了一位梦中少女的形象。他相信这是神灵的旨意，于是摒弃了先前的成见，继续雕刻。最终，他完成了一尊姿态优雅的少女雕像，其美丽超越了世间所有女性。

皮格马利翁对这尊雕像产生了前所未有的深厚情感，将其视作有情感的生命，珍爱有加。他向爱神阿佛洛狄忒虔诚地祈求，希望能得到一位如雕像般完美的妻子。爱神被他的真诚所感动，遂将雕像化为真人，皮格马利翁最终如愿与化为真人的雕像结为夫妻。

这个关于坚持和信念的故事，后来被人们引申为“皮格马利翁效应”，意味着真诚的期望和认可能够创造出奇迹。

在现实生活中，皮格马利翁的故事会发生吗？

带着好奇与预期，心理学家罗伯特·罗森塔尔与伊迪丝·雅各布森开展了一项实验研究。

他们在某小学随机选取了一些学生，宣称要对其进行一次“预测未来发展”的测验。实际上，该测验并未评估学生的知识和智力水平。随后，他们又向每个班级的教师提供了一份随机生成的“最具发展潜力学生”名单，并提醒教师们保密，名单内容仅限他们自己知晓，以防影响实验的准确性。

八个月后，罗森塔尔和雅各布森再次访问了这所学校。他们惊讶地观察到，那些被列入名单的学生，不仅考试成绩显著提升，而且性格变得更加开朗，自信心和求知欲也有所增强。罗森塔尔认为，可能是最初的“预期效应”对教师产生了潜意识的影响，从而改变了教师对这些学生能力的评价。当教师真心相信这些孩子将来会有所成就时，孩子们也能感受到教师的关爱和期望，进而变得更加自信，导致他们在多个方面取得了超乎寻常的进步。

1968年，罗森塔尔正式提出了皮格马利翁效应，即热切的期望和赞美具有超乎寻常的能量，可以改变一个人的行为和思想，激发人的潜能。

当一个人得到他人的信任与赞美时，会变得更加自信和自尊，从而获得一种积极向上的原动力。为了不让对方失望，会更加努力地发挥自己的优势，尽力达到对方的期望。

43 PUA 是怎么发生的？

关键词：投射性认同

在 2019 年末，北京大学女生包丽的悲剧性自杀事件引起了公众的广泛关注，并揭示了在亲密关系中的 PUA 对人造成的心理伤害。

牟林翰作为施害者，借由提供情感支持与包丽建立情感联系，再通过强调自己在包丽生活中的不可或缺性，进一步加深她的依赖感。随后，牟林翰利用包丽的弱点和不足，持续对她进行心理打击和自尊心的摧毁，以实现对她的全面控制。他甚至以包丽的非处女身份为借口，强迫她自称为他的狗，并要求她在身上纹刻相关文字。牟林翰还提出了极端的要求，如怀孕后堕胎、进行绝育手术等，这些行为最终导致了包丽的悲剧结局。

PUA 起源于美国，全称是“Pick-up Artist”，意指“搭讪艺术家”。最初是指那些通过系统学习、实践并持续更新、提升自我，以完善情商的男性，随着时间的推移，PUA 这一术语逐渐演变为泛指那些擅长吸引异性、使异性着迷的人及其相关行为。现在，任何以满足个人私欲为目的操控他人的行为都被称作 PUA。

PUA 的现象不仅存在于亲密关系中，还广泛存在于亲子、朋友、同事等各种人际关系里。包丽的悲剧性自杀，正是源于男友牟林翰的 PUA，对此很多人并不是很理解：凭什么他说你是什么，你就认为自己是什么呢？

这是因为，PUA的受害者需要对方来确认自己的价值感，一旦失去了这种联系，他们就会感到迷失。这就涉及一个很重要的心理学概念——投射性认同！

当个体无法处理自己内心的一些情感或想法时，他们可能会将自己认为“坏的”或“理想”的部分投射到别人身上，并试图控制对方，使其行为符合自己的期望。

在某一段关系中，如果你感觉不能做自己，或是有一种被控制感，总觉得自己在被迫做出某些行为，这极有可能是受到了投射性认同的影响。

常见的投射性认同有四种：

依赖性投射认同——“如果你不帮我，我就活不下去了。”认为自己需要他人来满足某些需求，在关系中表现出过度依赖。

权力性投射认同——“要是没有我，你能过上现在的生活吗？”把对权力和控制的渴望投射到他人身上，在关系中表现出控制或支配行为。

迎合性投射认同——“我一直都在帮你，你怎么就不理解我呢？”把自己需要取悦他人、获得认可的欲望投射到他人身上，在关系中过分顺从或迎合。

情欲性投射认同——“我这么有吸引力，你必须喜欢我，否则你就是有问题。”将自己的性欲望或情感需求投射到他人身上，在关系中表现出过分的性吸引或情感依赖。

处在被投射的状态时，他人的观点与我们内心的信念往往会发生冲突，进而引发强烈的自我怀疑。如果我们的内心不够强大和坚定，就难以保持清醒，难以辨别是非，很容易按照对方的期望行动。反之，如果你意识到这是对方的投射，是编造的事实，不接受那些负面的暗示，不按照对方的期望行动，他的投射性认同就失败了。

44 近朱者赤，近墨者黑

关键词：邻近效应

1950 年，三位美国社会心理学家对麻省理工学院的 17 栋供已婚学生居住的住宅楼进行了一项调查。这些楼房均为两层结构，每层设有 5 个单元。住户的分配是随机的，当原有住户搬离后，新的住户便会入住。在调查过程中，每位住户都被问及一个问题：在您的居住区内，您最常与谁进行互动，且关系最为亲近?

调查结果显示，居住距离越近的居民之间交往的频率更高，关系也更为紧密。

在同一楼层中，住户与隔壁邻居的互动概率为 41%，与隔一户邻居的互动概率为 22%，与隔三户邻居的互动概率只有 10%。事实上，多隔几户的距离并没有增加，但亲密程度却差很多。

这项实验验证了一个观点：人们更倾向于与邻近的人进行交流。与邻近者互动的成本较低，因为双方更容易相互了解，能够预测对方的行为，从而在交往中感到安全；此外，互动也更为便捷，例如借用物品时可以减少行走的步数。

人们越是经常地接触某一事物或观点，就越喜欢它，这种现象被社会心理学家称为“邻近效应”，它呈现出了个体在他人的影响下，态度和行为发生变化的过程。

面对社会影响，人们因年龄、出身、经历、价值观和环境等多种因素的差异，反应是不一样的。以年龄为例，年纪越轻，个体的可塑性越强，受到外界的影响就越大。鉴于邻近效应，我们必须谨慎选择交往的对象，正所谓“近朱者赤，近墨者黑”。

45 “贴标签”的伤害有多大？

关键词：标签理论

一位传教士在监狱中传播福音时发现，高达90%的犯罪嫌疑人曾被父母反复贴上这样的标签：“无论你如何努力，最终还是会回到监狱！”不断被灌输这样的评价，导致大多数犯罪嫌疑人开始相信这一说法，即便那些意志坚定者，也难以保持不动摇。

有些孩子在家庭中很少感受到关爱，学业成绩也不突出，因此他们常常通过扰乱课堂秩序、戏弄同学等行为来吸引他人的注意。在处理这些孩子的行为问题时，一些教师或家长往往武断地给他们贴上“不良少年”“坏孩子”的标签，这导致周围的同学更加排斥和疏远他们。结果，这些孩子开始自暴自弃，认为自己“无可救药”“不被任何人喜欢”，于是他们转向社会上的闲散青年群体寻求认同，最终真的成了名副其实的“不良少年”。

标签理论认为，一个人是否会犯罪或越轨，并不完全取决于其行为本身，而是更多地受到周围人看法的影响。

在社会互动过程中，他们被周围的人贴上了“不良少年”“坏孩子”“人渣”的标签，使他们与“社会的正常人”产生了区分。这些被贴上了“标签”的人，在潜移默化中调整了“自我形象”，逐渐内化了社会对自己的负面评价，认同了他人的看法，导致越轨行为进一步加剧。

回顾过去，每个人在成长的道路上都可能有过一些违规行为，但那些被贴上了“标签”的初犯者，更有可能走上“越轨之路”。所以，千万不要随随便便给人“贴标签”，特别是那些“并非故意破坏社会秩序”或本就清白无辜的人，这会把他们推向被孤立、被排斥、被歧视的境地。你认为没什么大不了的一个“标签”，却给对方创建了一个“越轨者”的身份。在被周围人歧视的过程中，他们有可能会改变自我观念以及对社会的态度，最终走上犯罪的道路。

46 人们为何会见死不救？

关键词：旁观者效应

1964年，美国纽约一位年轻女孩在深夜下班回家的途中，遭遇一名持刀抢劫的男子，男子对她连刺多刀，整个袭击过程长达35分钟。尽管女孩大声呼喊“救命”，却未能得到救助，最终不幸遇难。

令人震惊的是，袭击发生地点并不是什么偏远地区，而是女孩所居住公寓门前的街道上。更让人难以置信的是，竟然有38名邻居从公寓的窗户目睹了整个抢劫刺杀的过程，却没有一个人打报警电话。直到女孩不幸身亡后，才有一名目击者报了警。

这类社会新闻总是让人感到心寒和惋惜：为什么那些邻居看到女孩正遭受抢劫，却连一个报警电话都不愿拨打呢？这种无动于衷是不是人性的自私与冷漠呢？

这一现象引起了社会心理学家比布·拉塔内和约翰·达利的关注，他们开展了一系列的社会心理学实验，最终发现了导致这一现象的深层原因——旁观者效应。

旁观者效应，是指在紧急事件中，他人在场会对人们提供帮助的行为产生抑制作用，旁观者人数越多，抑制作用越强。

旁观者效应在生活中处处可见，有时发生在现实世界，有时发生在网络世界。拉塔内和达利认为，导致旁观者效应的原因主要有两点。

1. 多元无知

在缺乏自信或情况不明朗的情境下，人们往往会参照周围人的反应来评估事件的严重性，并据此决定是否采取行动。

2. 责任分散

当人们与他人共同面对某一事件时，个体的责任感往往会减弱，会产生一种将责任推卸给他人处理的心理倾向。

现在，我们可以重新审视和理解生活中那些“见死不救”的情形了。很多时候，旁观者没有走上前去帮忙，不是因为他们缺少同情心、冷漠自私无情，而是因为他们无法确定紧急情况是否真的存在，也不确定自己是否需要采取行动。

那么，怎样才能打破旁观者效应呢？

心理学家通过多次社会研究实验证明，要打破“见死不救”的局面，只要让旁观者明确地意识到自己有责任插手干预紧急事件，他们就一定会做出反应。简言之，发动周围人一起帮忙，指定具体的人做具体的事，就可以破除人们推卸责任的心理。

如果你是受害者，在人群中指定一个人求助，并明确你需要什么样的帮助，就可以减少不确定性。例如，“穿蓝色外套的先生，请帮我叫一下救护车”。此时，责任就集中在了这个人身上，他会意识到紧急救助的必要性，并清楚自己该如何提供帮助。科学研究表明，这种做法有助于受害者获得快速且有效的帮助。

PART 05

为什么群体
叠加的是愚蠢？

47 你是一只盲从的羊吗？

关键词：从众效应

草原上的羊群，通常处于一种散漫无序的状态，羊儿们随意地四处奔跑，没有特定的方向。然而，一旦领头羊开始移动，整个羊群的行为就会发生明显的变化，其他的羊会不假思索地跟着头羊行动。如果在羊群行进的路径上横置一根木棍，第一只羊跳过了它，紧随其后的第二只、第三只羊也会依次跳过，仿佛这是一种必须遵循的规则。

这种行为出于本能和无意识，羊儿们不会思考前方是否潜藏着危险，比如可能有狼在等待着它们，或者不远处是否有更加丰美的草地。这种群体行为的盲目性，揭示了羊群在面对环境变化时的适应性和反应模式，同时也反映了它们在决策上的局限性。

我们常常会嘲笑一些动物没有“头脑”，事实上，有着逻辑思维的人类也未见得在任何情境下都是理性的、睿智的，因为人也有服从群体的倾向。

社会心理学家所罗门·阿希设计了一个著名的心理实验：

实验的被试被分为7人一组，围坐在一张桌子旁。研究者向他们展示了一系列大的白色卡片，其中一张卡片上有一条竖直的黑线（标准线），而另一张卡片上有三条长度不一的竖直黑线（比较线）。在这三条比较线中，有一条的长度与标准线完全相同，而另外两条的长度与标准线不同。7 名被试需要依次选出三条比较线（A、B 或 C）中与标准线长度相同的一条。

在正常情况下，几乎所有人都能选出正确答案。然而，在这个实验中，每组的 7 位被试中只有第 6 位是真正的被试，其他 6 人实际上是实验助手。这些助手被指示在回答问题时一致给出错误的答案。在 18 次选择中，实验助手有 12 次故意答错。在这种情况下，你认为被试选择正确答案的概率是多少？

实验结果表明：被试最终的正确率仅为 63.2%，有 75% 的被试至少有一次选择了与实验助手们相同的错误答案，其中有 5% 的被试始终选择的是与实验助手一致的错误答案，而只有 25% 的被试始终坚持自己的观点，选择了正确答案。

这个实验的测试题是很简单的，且被试都是大学生，可测试的结果却令人意外。阿希的实验揭示了一个事实，个体的行动会受到群体行动的影响。

当个体受到群体的影响，会怀疑并改变自己的观点、判断和行为，朝着与群体大多数人一致的方向变化，这种现象在社会心理学中被称为“从众效应”。

从众具有两重性，积极的一面是可以克服固执己见、过度自信，修正自己的思维方式；消极的一面是会束缚思维、扼杀创造力，让人变得没有主见。多数人的意见和做法不是评判是非、衡量好坏的标杆，我们一定要辩证地看待，保持独立思考的能力，基于理性和事实来做决策，避免成为盲从的牺牲者。

48 是什么让人选择随大流？

关键词：群体压力

在阿希的实验中，被试不一定真的认同小组成员（实验助手）给出的错误答案，可即便如此，为什么被试还是选择了服从多数人的观点呢？换句话说，人们从众的动机是什么呢？

在很多场合中，人们并不是基于理性判断决策的，而是受到群体压力的影响。古斯塔夫·勒庞在《乌合之众》中指出："人一到群体中，智商就严重降低，为了获得认同，个体愿意抛弃是非，用智商去换取那份让人备感安全的归属感。"

群体压力，是指个体渴望获得群体的接纳或避免被排斥，从而感觉需要按照群体的规范、意见或行为来调整自己行为的心理强制力。

群体压力不是权威命令，也不强制个体改变行为，但对个体而言却是一种难以抗拒的力量。人们往往倾向于与群体保持一致，个体行为会受到群体凝聚力的制约。每个人都感觉"有一股强大的力量迫使自己不要脱离群体"，不要违反规则。群体凝聚力越强，个体对群体的依附心理就越强烈，从而更容易对所属群体产生强烈的认同感。

每个人都无法避开群体压力，但也不必过分担忧自己被群体压力和从众心理束缚。适度考虑外部因素，并将他人的行为作为参考，是正常的社会化过程，也是迅速融入群体的有效方式。值得注意的是，不要盲目追随大多数人的意见，要保持独立思考的能力和批判性思维，全面分析问题，以免成为盲从的乌合之众。

49 人数和从众有什么关系？

关键词：群体规模

阿希认为，个体的从众行为可能与群体规模相关，为此他又设计了一项实验，将被试与一名至多名实验助手配对组成不同的小组，实验结果如下：

（1）当只有被试和一名实验助手组成的2人小组进行测试时，尽管助手故意给出了错误答案，但被试的最终表现与独立回答时几乎无异。

（2）当实验助手的数量增至2人时，从众现象开始显现。

（3）当助手数量达到3人时，从众行为趋于稳定，大约为35%。

（4）随后，即便继续增加实验助手的数量，被试的错误率也未见显著增加。

我国的社会心理学研究者在20世纪80年代进行了类似研究，发现最高从众率达到了40%。然而，研究也表明，在达到这一最高从众率之后，即便群体的一致性规模继续增加，从众率也不会进一步上升。

在一定的范围内，个体产生从众行为的概率会随着群体规模的扩大而上升。

当被试仅有2个人时，意见上的不一致通常被视为正常的意见分歧；而当人数增至3人时，被试开始感受到群体的压力，不再认为自己是孤立的个体。

当4个人中有3个人一致地采取某种行为时，第4个人会明显意识到群体的规范，并为了防止社会排斥和拒绝，很可能会选择与群体保持一致。此后，即便群体规模继续扩大，个体对群体规范的判断也不会有显著变化，因此从众程度也将趋于稳定。

50 你会伤害无辜的人吗?

关键词：服从实验

设想一下，如果科学家邀请你加入一个关键的实验项目，而实验的某个部分可能会给另一位被试带来痛苦，甚至有可能导致其死亡。在这种情况下，科学家向你保证，你无须有任何顾虑或担忧，因为所有实验相关的责任都由他来承担。你的角色仅限于协助科学家完成实验，并且只需遵循他的指令进行操作。面对这样的情况，你会选择参与吗?

面对这种情境，大多数人可能会断然拒绝:“不！我绝不会那样做，那太不人道了！”确实，我们没有任何借口去伤害一个无辜的人，道德和良知都不容许我们做出这样的行为。

数十年前，一群和我们秉持共同信念、心怀善意的普通人，应耶鲁大学社会心理学家斯坦利·米尔格拉姆的邀请，参与了一项关于服从性的研究。米尔格拉姆非常好奇，在没有任何从众压力的情境下（参考阿希的从众实验），人们仍会表现出从众行为，那么，在一个明确的强制情境下，人们的行为表现又会如何呢?

米尔格拉姆设计了一项实验，旨在探究人们会对权威指令遵循到何种程度。实验中，被试扮演教师角色，对答错问题的“学生”施以电击惩罚。随着错误答案的增多，电击强度逐渐增大，直至达到人体生理极限。

需要明确的是，所有的电击都是模拟的，而“学生”都是实验助手，他们故意答错并根据电击强度模拟出痛苦的反应。米尔格拉姆想通过这种方式，明确地观察到被试在多大程度上会服从研究者的指令。

实验开始后，研究人员向扮演教师的被试介绍了一台电击仪器，上面排列着一系列开关，每个开关对应不同的电压强度，从 15 伏特到 450 伏特，按 15 伏特的幅度递增。较低的电压被标记为“轻微电击”，而最高的电压被标记为“严重电击”。

为了验证电击的真实性，研究人员让被试体验了一次 15 伏特的电击，但之后所有的电击均为模拟。在实验过程中，被试向“学生”提问，每次回答错误，被试就将电击强度增加15伏特。当被试犹豫不决时，研究人员会用四种不同的口头鼓励来促使他们继续实验：

（1）请继续。

（2）这个实验需要你继续。

（3）继续进行是必要的。

（4）你没有选择，必须继续。

当电压强度达到300伏特时，“学生”会表现出挣扎和踢打墙壁的声音。在40名被试中，只有5人在电压达到300伏特时拒绝继续提升电压；4人在315伏特时停止服从；2人在330伏特时选择停止；分别有1人在345伏特、360伏特和375伏特时停止。

实验结果表明：在不同的电击水平上，共有14名被试拒绝执行研究者的命令，选择不再增加电压，占总参与人数的35%。而65%的被试遵从了研究者的指示，将电压增加到了450伏特。

人们在特定的情境压力下，可能会做出自己之前未曾预料的行为。

米尔格拉姆的实验在社会上引发了广泛关注和激烈讨论，他本人对于实验被试所表现出的高服从性也感到惊讶。回顾实验开始时提出的问题——如果要求你伤害一个无辜的人，你会选择服从吗？多数人都认为自己不会这么做，但实验结果却让我们看到，人的行为并不完全由自己掌控，它也会受到情境的影响。

51 人们习惯于服从权威

关键词：权威效应

米尔格拉姆在其1974年出版的著作《对权威的服从》中写道：

“尽管法律和哲学对服从的概念进行了深入探讨，但这些讨论很少涉及人们在现实情境中的具体行为。我在耶鲁大学设计的这个实验，便是为了测试一个普通的市民，只因一位辅助实验的科学家所下达的命令，愿意在另一个人身上加诸多少痛苦。

“当主导实验的权威者命令被试伤害另一个人，再加上被试所听到的痛苦尖叫声，即使被试感到如此强烈的道德不安，多数情况下权威者仍然可以继续命令他。实验显示了成年人对于权力者有多么大的服从意愿，会做出几乎任何尺度的行为，而我们必须尽快研究和解释这种现象。”

权威效应，是指当一个人拥有较高的社会地位、威望或受到普遍尊敬时，他所表达的观点往往更容易获得他人的关注，并且人们倾向于相信这些观点的正确性。

权威效应的普遍存在，主要源于两种心理：

（1）人们习惯把权威人物视为楷模，服从他们的命令可以获得心理安全感，增加不会出错的“保险系数”。

（2）人们认为权威人物的要求往往和社会规范相一致，按照权威人物的要求去做，会得到各方面的赞许。

那么，倘若不是权威者下达的命令，人们还会服从吗？

在米尔格拉姆实验的一个变体中，研究人员假装接到了一个电话，需要离开实验室，并告知被试，仪器能够自动记录数据。研究人员离开后，一名替代者（实验助手）接管了实验，开始下达指令。当这位替代者指示被试对“学生”的每次错误回答增加一档电击时，80%的被试完全拒绝了这一要求。

在随后的访谈中，许多被试透露，如果实验不是由耶鲁大学发起的，他们绝不会遵从指令。为了验证这一说法的准确性，米尔格拉姆将实验地点转移到康涅狄格州的布里奇波特市，在一座普通的商业大楼内设立了“布里奇波特研究中心”，并由相同的团队执行实验。结果表明，被试服从指令的比例从在耶鲁大学时的65%下降到了48%。

由此可见，人们倾向于遵从那些拥有合法权力的权威人士。

52 执行命令者的自我开脱

关键词：责任转移

1945年，美国飞行员保罗·蒂贝茨执行了投掷原子弹轰炸广岛的任务，导致数万日本平民在当天失去了生命。原子弹的破坏性影响在广岛持续了多年。

蒂贝茨的一生伴随着争议，但他对于当年向日本投下原子弹的决定从未表达过任何悔意。他认为自己只是在服从上级的指令，不应为广岛的毁灭承担责任。

当人们认为自己不是某种行为的始作俑者时，往往会不自觉地将责任转嫁给他人，忽视行为可能带来的后果，并认为自己是“别无选择”或“被迫行动”，从而逃避在不道德行为中应承担的责任，将其归咎于外部因素。

社会心理学家在对服从实验的被试进行自发评论分析后发现，仅凭被试是否关心“学生”的痛苦体验，并不能准确预测他们是否会遵从命令。实际上，能够有效预测服从行为的关键因素，是被试是否认为自己需要对执行命令的后果承担责任。

从表面上看，米尔格拉姆实验中的被试似乎是在对“学生”施加危险的电击，实则是出于对研究者指令的服从。然而，米尔格拉姆提出了一种不同的解释，他认为被试在实验中进入了一种“代理状态”，他们将自己视为研究者的工具，或是在实验情境中机械地执行按下电击按钮的角色。因此，他们专注于任务的执行，而没有对任务本身进行深入思考。

尽管如此，被试并非完全没有顾虑。在执行命令时，他们提出了疑问：如果在增加电压的过程中发生意外，谁将承担责任？当研究者明确表示“我会负责”时，被试显然感到了一丝宽慰。随后发生的情况进一步支持了米尔格拉姆的观点：即使心中没有恶意的普通人，也可能因为履行自己的职责而成为可怕破坏行为的执行者。

如果执行命令的人不需要承担任何法律责任或经济责任，也不必为此感到内疚或负罪，那么“命令”几乎能驱使他们做任何事。即便执行者必须面对后果，但只要这些后果比不执行命令的后果要轻，他们仍然可能会选择服从，并为不道德行为找到合理化的借口，认为自己只是“遵命行事”，错误并不在自己。

53 冷漠与共情的间隔

关键词：距离削弱责任

在米尔格拉姆的实验中，当被试无法目睹“学生”的存在时，他们表现出的同情心相对较少。当受害者与被试相隔较远，且“教师”无法听到“学生”的抗议声时，绝大多数的实验对象都能冷静地遵从指令，直至实验结束。

然而，当“学生”与被试处于同一房间时，服从命令的被试比例降至40%。进一步地，当研究者指示被试必须将“学生”的手强制按在电击板上时，完全服从的被试比例进一步下降至30%。这一结果表明，当被试能够直接看到受害者的状况时，他们服从命令的倾向显著降低。

心理学家指出，距离感会削弱责任感。人们往往对那些与自己无关或已失去个性特征的人表现出冷漠的态度，而对于那些生动且具有个性的人，则更容易产生同情心。

这种心理现象的存在具有积极意义，当人们为尚未出生的胎儿、遭受饥饿的难民或动物权利发声时，他们常常借助触动人心的照片或描述来赋予这些对象个性化的形象。这样的做法能够最大程度地激发人们的同情心，从而有效地达到宣传的目的。

54 反正没有人知道我是谁

关键词：匿名性

美国心理学家菲利普·津巴多进行了一项实验：他邀请了一些女大学生参与实验，要求她们对隔壁房间的一位女大学生施加电击，同时告知她们无须承担任何道德责任，这是出于科学实验的需要。通过一面镜子，被试可以看到那位被电击的女大学生。实际上，那位接受电击的女生是津巴多的助手，她并未真正遭受电击，而是在被试按下电击按钮时，通过假装痛苦的叫喊，使被试相信她正在经历真实的痛苦。

津巴多将被试分为两组进行比较：

第一组为去个性化组，被试需穿上白色实验服，戴上头盔，并且彼此之间互不相识。在昏暗的光线下，研究员在要求她们施加电击时，不使用她们的名字。

第二组为可辨认组，被试穿着日常服装，胸前挂着写有自己名字的名牌，实验员礼貌地称呼她们的名字，且实验室光线充足，每个人都能清晰地看到其他人。

津巴多预测，去个性化组的被试在按下电击按钮时，会表现出比可辨认组更少的犹豫和约束。实验结果证实了他的预测：去个性化组的被试按下电击按钮的次数几乎是可辨认组的两倍，并且每次按下的持续时间也更长。

个人在群体压力或群体意识影响下，会产生自我导向功能的削弱或责任感的丧失，做出一些个人单独活动时不会做的行为，这种现象叫作“去个体化”。匿名性是引起去个性化现象的重要因素，群体成员身份越隐匿，他们就越会觉得不需要对自我认同与行为负责。

当个体意识到自己的所作所为是匿名的，没有人会认出自己，可能就会毫无顾忌地违反社会规范与道德习俗，甚至是法律法规，做出平日里单独一个人不会做出的行为，网络上的“键盘侠”就是一个典型的例子。

55 戳破“人多力量大”的谎言

关键词：社会懈怠

法国工程师马克西米连·林格尔曼曾经做过一个实验：

挑选8名工人作为被试，让他们用力拉绳子，测试他们的拉力。

第一次，他让每个工人单独拉绳子；第二次，他让3个人一起拉绳子；第三次，让8个人一起拉。他原本以为，拉力会随着人数的增加而增加，但情况并不是这样。

实验结果显示：单人拉绳的人均拉力是63公斤；3个人拉的人均拉力是53公斤；8个人拉的人均拉力是31公斤，不到单独拉时的一半。

个体在群体活动中，相较于独立完成任务时，往往会降低自己的努力和表现水平，导致个人贡献低于单独工作时的贡献，这种现象被称为“社会懈怠”。

关于社会懈怠现象，后续研究也提供了进一步的证据：研究者要求大学生通过欢呼鼓掌尽可能地制造噪声，分别在单独行动、1人一组、4人一组以及6人一组的情况下进行实验。结果显示，随着团队人数增加，每个被试制造的噪声水平呈现下降趋势。

社会懈怠的产生，主要与社会评价、社会认知、社会作用力有关。

1. 社会评价

在群体活动中，评估结果反映的是整个团队的工作成效，而个人贡献是不记名的。这种情况下，个人的被评价意识可能会减弱，导致他们对工作的投入减少。

2. 社会认知

在群体环境中，成员可能会认为其他成员不会全力以赴，为了追求公平，他们可能会选择减少自己的努力；或者他们可能认为个人的努力对团队的影响微乎其微，团队成绩中只有很小一部分可以归功于个人，所以不愿意全情投入。

3. 社会作用力

在群体协作中，每个成员都是团队的一部分，共同承受外部的影响。随着团队成员数量的增加，每个成员感受到的外部影响会被稀释，这可能导致个人的努力程度下降。

社会懈怠显著降低了团队的工作效率，要解决这一问题，仅仅依靠“个人自觉”是不够的；最有效的办法是建立明确的规则，使个体的工作成绩变得可量化和可识别。通过将个体从群体中区分出来，并对其行为进行独立评估，人们更有可能投入更多的努力。

56 群体决策比个人决策更冒险

关键词：冒险转移

某人不幸身患重疾，若不接受手术治疗，生命就将走向尽头；而若选择手术，也存在无法从手术台上醒来的风险。

假设手术的成功率分别为10%、20%、30%、40%、50%、60%、70%、80%、90%、100%这十种可能，你认为在这种情况下，某人会愿意承担多大的风险去尝试手术呢？

如果让某人的家人和朋友共同参与决策，他们又会做出怎样的选择？

选择总是伴随着代价，尤其在面对重大决策时，人们常常陷入进退维谷的困境。社会心理学家对这类风险决策问题进行了广泛研究，结果发现：群体决策比个人决策更具冒险性。

当人们独立决策时，他们倾向于承担较低的风险，偏好选择那些成功概率较高的行动。然而，当决策过程转变为群体共同参与时，最终的选择往往比个人单独决策时更为冒险。

心理学家内森·柯根及其同事在一项研究中发现，当个人独立决策时，他们往往需要至少70%的成功概率才会选择投资；相比之下，在群体决策的情境下，只要有50%的成功概率，群体就倾向于进行投资。这一发现揭示了群体决策相较于个人决策往往具有更高的冒险倾向。

是什么引发了冒险转移的现象呢？可能的原因包括以下几点。

1. 责任分散

群体会削弱个人的责任感，当责任感降低时，个人的冒险倾向往往会得到助长。当行为的责任感降低时，个体更愿意尝试那些通常被自我约束所抑制的行为。

2. 文化价值观对高冒险性的正面评价

在人类的文化价值观中，高冒险性常常与英雄气概相联系，这促使人们倾向于推崇冒险行为。社会心理学的研究也表明，人们往往会对那些表现出高冒险性的人给予更高的评价。

3. 个人假设群体鼓励冒险

群体决策与个体决策的情境不同，它是一种评价情境，个体需要提出一个被群体成员赞赏的选择。如果在决策上过于保守，个体会担心被群体成员视为胆小、怯懦、缺乏勇气。

57 25% 的人能影响全局

关键词：少数派的力量

设想你参与了一个从众效应实验，当其他被试都给出了错误的答案，而你前面的那位被试却给出了正确的答案时，你是否会做出与他相同的决定呢？

在阿希的后续实验中，他安排了一位实验助手给出与大多数人不同的意见。实验结果显示，被试的从众行为减少了75%，这是因为被试得到了一个“同盟者”的支持，从而获得了力量。即便这位实验助手的意见与被试本人并不一致，但只要他与群体的意见不同，就能增强被试的信心，减轻其偏离群体的恐惧，从而削弱从众行为。

由于群体中的成员希望获得归属感、避免冲突，因而在行为、意见或态度上有趋于保持一致或相互认同的倾向。这也意味着，在群体中坚持自己的立场、表达不同的意见是一件很难的事情。不可否认的是，少数派作为孤独的背叛者，往往会打破群体一致同意的错觉。

当少数派对多数派的判断力提出质疑后，多数派的成员通常能够更加自在地表达自己的疑虑，甚至会转而支持少数派的观点。一旦群体中出现了意见不同的“背叛者”，其他人便会迅速效仿，形成滚雪球效应，从而降低从众的概率。

20世纪70年代，商业领域学者罗莎贝斯·坎特教授在一篇颇具影响力的文章中，叙述了一家美国企业招聘女性销售人员的实例。

坎特教授发现，当女性员工在公司中的占比为15%时，她们通常会遭遇孤立、受到骚扰，并且承担过量的工作，这些因素都不利于她们的职业成长。然而，当女性员工的数量增长到35%时，她们开始通过形成联盟来改善自己的工作环境，甚至对公司的文化产生影响。

这里有一个问题，少数派要达到什么样的规模，才能引爆变化呢？

《科学》杂志上发表的一篇文章通过实验对这一比例进行了量化，要引起群体行为、信仰或规范的改变，只需说服25%的个体，便足以激发连锁反应，从而实现整个群体的转变。

这一数据提示我们，想要转变一个团队的行为模式，不妨考虑培养一个占总人数25%的子群体，以促进整个团队行为的转变。一旦这个子群体展现出足够的坚定性，他们便可以成为一股决定性的力量，影响并引导整个团队朝着既定的方向前进。

58 公开承诺的牵制力

关键词：事前承诺

在赛马、体操或跳水等竞技项目中，一旦裁判公开宣布了他们的决定或评分，即便目睹其他裁判持有异议或与自己的评分存在显著差异，他们通常也不会更改自己的裁决。即便裁判认为有必要修正自己的评分，他们最多也只是在随后的比赛中对评分标准进行微调。

个体一旦对自己的立场做出了承诺，就很少屈服于社会压力，往往会选择坚持到底。

坚守承诺是我们从小习得的一种价值观，同样也是社会交往中的一项基本准则。一旦言而无信、背弃诺言，便会引起他人的反感和质疑。特别是在公共场合做出的承诺，它会对个人的后续行为产生约束力，降低随波逐流的从众倾向。

PART 06

事实能改变人的想法吗？

59 为什么我们不愿意认错?

关键词：认知失调

在伴侣关系中，那些总是实施家庭暴力、频繁背叛、对家庭责任视而不见的人，即使最终对簿公堂，仍能振振有词地为自己辩护。

在亲子关系中，那些不问缘由地责骂孩子、完全忽视孩子情感需求的人，即便给孩子造成了严重的心理创伤，他们依然坚信自己是为了孩子好。

简言之，他们从不认为自己有错，总是能摆出一堆大道理："都是她先挑起事端，我才动手的""这孩子越来越过分了，我必须得管教……"明明自己有错，就是拒不承认，拼命地寻找借口。

到底是什么原因，让他们在错误的道路上越走越远，越"错"越勇呢?

1957年，美国心理学家利昂·费斯汀格提出了认知失调理论：当两种观念或信念（认知）在心理层面上相互冲突时，人们会体验到一种紧张和不适感（失调）。

费斯汀格提出，个体的态度与行为应当是相协调的，当两者产生分歧时，会让人产生心理上的紧张感。为了缓解这种紧张状态，人们往往会采取多种方式，来减少自身的认知失调。

每个人在某种程度上都具有自恋倾向，适度的自恋有助于培养自尊和自爱等正面的心理品质。然而，在做错事的时候，人们的认知中就会出现与“我还不错”这一自我评价相冲突的因素，从而引发不适感。

为了缓解这种认知不协调，我们必须暂时放下“我还不错”的自我认知，诚实地承认“我确实犯了错误”，这样我们的态度和行为才能保持一致。

然而，大多数人并不愿意采取这种解决问题的方式，因为承认自己并非总是明智、善良、正直、体面的，很伤自尊。相比之下，人们更倾向于采取另一种方式处理问题，那就是说服自己和他人“我犯的错误是情有可原的”，这样就可以继续维持“我还不错”的自我认知。

结合这一情形，我们就可以理解为什么许多人在犯错之后，总是会忍不住为自己找借口开脱。原因就是，认错太艰难，找借口让自己的所言所行看起来“合情合理”是最轻松的。

60 假装不在乎，你在欺骗谁?

关键词：自我合理化

一只狡猾的狐狸漫步穿过葡萄园，目光被那晶莹剔透、汁液饱满的葡萄吸引了，不由自主地停下了脚步。饥肠辘辘的它，望着那些诱人的果实，垂涎三尺。

无奈的是，葡萄架上的葡萄高高在上，狐狸纵身跳跃多次，始终无法触及。最后，狐狸只得悻悻地放弃。离开葡萄园之际，它愤愤不平地嘟囔：“哼，那些葡萄肯定很酸，不吃也罢！”

当行为与态度产生矛盾时，人们为了维护自己的自尊心或减轻心理压力，通常会改变自己对某件事的解释和态度，试图降低目标的诱惑性，或是转移自己的注意力，以此缓解认知失调带来的不适。

寓言故事中的狐狸，明明很想吃那些葡萄，只是葡萄架太高了，它根本够不着。这个时候，“想吃葡萄”的态度和“吃不着”的行为之间产生了矛盾，让狐狸很难受。为了减少不舒服的感觉，重新获得心理平衡，它索性就说“葡萄是酸的”。如此一来，它的态度（不想吃）和行为（吃不着）就保持了一致。

在缓解认知失调时，人们有时不只说“葡萄酸”，还会说“柠檬甜”。对于自己拥有的东西，哪怕知道它不够好，也要把它说成好的，以此来弥补内心的落差。

心理学家丹尼尔·吉尔伯特在哈佛大学进行了一项实验：

被试是一群对摄影感兴趣的学生，研究者让他们拍摄完一卷胶卷后，打印出其中的两张照片，并对照片进行评级，选择其中的一张。研究者告诉A组被试，可以在5天之内替换照片；B组被试则被告知，他们所做的第一选择是不可更改的。

在第 2 天、第 4 天、第 9 天之后，研究者分别联系了两组被试，询问他们对照片的感觉是否发生了变化。不可更换照片的 B 组被试，比可替换照片的 A 组被试更喜欢他们的选择。

一旦某个决定是不可挽回的，人们就会竭力让自己为自己的选择感到高兴。换言之，当我们感到无能为力时，往往会更加确信自己所做的决策是明智的。其实，无论是“吃不着葡萄说葡萄酸”，还是“吃了柠檬说柠檬甜”，都是在用“合理化”的方式维持内心的情绪平衡。

61 人只相信自己愿意相信的

关键词：确认偏差

电影《年会不能停》构建了一个既幽默又带有讽刺意味的故事：高级钳工胡建林意外地被调至公司总部。尽管周围的人都清楚他既不会英语也不擅长管理，但每个人都对他毕恭毕敬。这一切都源于一个被普遍接受的“真相”——胡建林是依靠关系进入公司的。随后，这个“真相”被进一步夸大，甚至演变成了“胡建林是老板的私生子”。

最滑稽的一幕是胡建林与老板的一次互动。胡建林向老板述说多年前工厂遭遇危机，老板坚持举办年会以鼓舞员工士气的往事，老板深有感触，轻拍了胡建林的肩膀，而胡建林则向老板鞠躬表达敬意。然而，公司总部的中层管理人员并不了解实际情况，他们只是隔着一层幕布观察到这一幕，误以为自己看到的是“一位父亲在指导儿子，儿子则依偎在父亲怀中”的温馨场景。

公司上下都误信了胡建林是老板的私生子，而他与老板之间的互动也被视为证实这一传闻的证据。事实上，一切都是假的，这出闹剧之所以能一直演下去，只不过是因为他们内心确信了那个子虚乌有的谣言。

一旦人们确立了某个观点，他们往往会持续地、有选择性地搜集证据以证实自己的看法，同时有意识地忽视或忽略那些与之相反的证据，这种现象被称为确认偏差。

我们总是倾向于看见自己想看见的，相信自己愿意相信的。

明尼苏达大学的研究员开展过一项与确认偏差有关的实验：

他们邀请两组被试阅读同一本图书，内容是一个名叫简的女人在一周内的生活。实际上，简是研究员虚构的角色，她的性格特征在书中被描绘为既外向又内向。几天后，被试们阅读完关于简的故事，研究员向两组被试提出了不同的问题。

A组被试要回答的问题：简是否能胜任图书管理员的工作？

B组被试要回答的问题：简是否能胜任房产经纪人的工作？

A组的被试回想起，简是一个性格文静的女孩，认为她非常适合图书管理员的工作；B组的被试则记得，简性格开朗，认为她非常适合从事房产经纪人的工作。

随后，研究员询问两组被试，简是否还适合其他类型的工作？结果，两组被试都给出了否定的回答。

上述研究实验表明，记忆也可能受到确认偏差的影响。大脑倾向于有选择性地保留那些与我们预期相符的记忆，同时忽略那些与我们现有信念相冲突的信息。

确认偏差是心理防御机制的副产品，是人们为了维护内在的信念而形成的一种思维陷阱，它让我们丧失了客观和理性却不自知，反而觉得自己的观点是最客观的。

为了应对确认偏差，我们必须培养开放的心态和成长型思维，保持求知若渴的好奇心，意识到自己有很多未知的东西要学习，也有一些已知的东西可能是错的，要通过不断学习和自我否定来升级迭代自己的认知。在做出决策之前，要主动了解不同的观点，进行全面的分析和比较，确保自己能够以客观和理性的态度进行决策。

62 你永远叫不醒一个固执的人

关键词：信念固着

我们在认识和理解世界的时候，并不是真实地对现实做反应，而是基于我们对现实的个人理解来做反应。换句话说，每个人都是通过一副“有色眼镜”来观察这个世界的，这副“有色眼镜”就是我们的信念、态度和价值观，它们影响着我们对人、事、物的感知。可是，信念并不总是正确的，如果信念是错误的，会发生什么呢？

心理学家李·罗斯与克雷格·安德森做了一个实验：他们先向被试传达一条不准确的信息，或是直接告知他们某个结论是正确的，或向他们展示轶事性的证据。然后，请被试解释为什么这个结论是正确的。

当被试解释完毕后，他们又向被试透露，之前传达的那条信息是不准确的，并提供了有力的反面证据，以此来反驳先前的结论。然而，只有 25% 的人采纳了新的结论，大多数人仍坚持他们先前接受的错误结论。

当人们对某些错误的信息做出解释，并建立了某种信念后，就很难再改变了。哪怕支持这一信息的证据受到否定，错误的信念仍然会保留下来，这种现象叫作“信念固着”。

人们对事物的认知往往受到先入为主的观念的影响，一旦形成了某种固定认知，想要改变这种既定观念就变得异常困难。一个人越是试图证明自己的理论和解释正确，就越可能忽视和排斥那些挑战自己信念的信息。当有人试图纠正他时，他会本能地启动心理防御机制，以抗拒这种改变。

认识到信念固着的现象，我们就不难理解为何生活中有那么多不听劝的“老顽固”了。哪怕你提供的信息是正确的，但你仍然无法说服他们，因为他们已经为错误的信息构建了一套解释体系，陷入了先入为主的思维陷阱。

也许你会问，难道就没有什么办法能够纠正人们的信念固着吗？

那倒也不是，你可以试着鼓励当事人转换立场，尝试解释相反的观点——“假设我是一个持有相反观点的人，我该如何证明自己的立场?”通过反复的刻意练习，信念固着可以被降低甚至消除。此外，对各种可能结果的解释也可以促使当事人认真思考不同的可能性，从而拓宽思维。

63 我是为他好，为什么他不领情?

关键词：心理抗拒

当你催促孩子立刻去写作业时，他可能会无动于衷，就像是没听见你说的话；也可能会带着一脸的不悦回到自己的房间，却并没有做和学习有关的事。即便他理解你的善意，也知道自己应该去写作业，但他就是不愿意听从你的指示。

当你试图向老人解释不要轻信谣言时，他们可能会认为你的解释和劝阻是在暗示他们“没有主见”或“愚蠢无知”。因此，他们可能会更加坚定地相信谣言，或者反过来指责你缺少社会阅历，以此来表明自己是“自主的”或“明智的”。

当一段视频旁边附有“心脏病患者不宜观看”的警告时，人们往往会更加好奇，想要了解视频内容是否真的如此令人惊恐。同样地，当一款热门护肤品在电商平台上显示“缺货补货中”或“每人限购一件”时，很多人会感到一种紧迫感，想要立即买下它，生怕错失机会。

当某种限制让人们感觉自主权或自尊受到威胁时，人们就会出现逆反或抗拒心理，产生想要夺回自由的想法或行为——强化被限制的想法，或采取被限制的行为，这种心理现象叫作“卡里古拉效应”，也称“心理抗拒”。

你已经了解了，说服他人转变观念是很困难的；现在，你可能更清楚地认识到了为什么说服他人会如此之难。心理抗拒是一个不可忽视的因素，它常常会让人“明知故犯”，做出不理性的决策和行为。

无论是阻止他人做某些事，还是期待他人做某些事，切忌用命令、警示和强迫的方式，真正高明的、有效的策略，是利用人们对自主权的追求，巧妙地影响他们的选择。

心理学家曾经进行了一项实验：他们向路人提出请求，希望对方能帮忙填写一份简短的问卷。不过，问卷的内容并不是关键，真正重要的是他们以怎样的方式提出请求。

研究人员采用了两种不同的提问策略：

（1）直接询问路人是否愿意帮忙填写问卷。

（2）在直接询问路人是否愿意帮忙填写问卷的同时，额外补充一句“你有权利拒绝”，从而提醒对方拥有选择的自由。

实验显示，第一种提问方式的成功率是 75%，第二种提问方式的成功率是 90%。

很显然，给予对方选择的自由并尊重其决定，比逼迫对方遵从，更能获得对方的肯定。因为当你允许对方说“不”时，等于在诱使对方产生内在的抗拒。

64 越是被禁止，越令人渴望

关键词：禁果效应

土豆最初从美洲引入法国时，遭受了很长时间的冷遇，一些迷信的宗教人士将其蔑称为“鬼苹果”，医生们警告说它对身体有害，农学家们声称土豆会让土地变得贫瘠。种种说法，在人们心中种下了对土豆的抵触和不喜。

法国杰出的农学家安端·帕尔曼切在德国被俘期间吃过土豆，并深知其美味。他渴望将土豆引入法国，但遭到了普遍反对。于是，他设计了一个巧妙的计划。

1787年，帕尔曼切在国王的授权下，在一块知名的低产田里种植土豆。按照他的要求，这块土地有专门的皇家护卫队看守，但只是白天看守，晚上撤回。

这种做法引起了民众的好奇心：究竟是什么宝贝，竟然需要皇家护卫队来守护？他们推测，一定是好东西，才担心被人偷！人们这么一想，就猜测土豆肯定非常好吃。于是，他们禁不住诱惑，晚上偷偷地去挖土豆，种到自己的菜园去。

结果不言而喻，土豆得到了众人的认可和喜爱，帕尔曼切也顺利实现了自己的目的。

为什么明着推广的时候没人要，被禁止后反倒让人念念不忘呢？

这是源于人们的好奇心，这一现象也被称为“禁果效应”，即被禁止的事物或行为往往能激发人们更强烈的好奇心和关注，使人们内心涌现出窥探的欲望和尝试的冲动。

原本一个很平常的事物，遮掩起来就会吊人胃口，使人们很想得到，非要弄个明白。不然的话，人们会一直被好奇心折磨，总觉得被禁止的东西一定都是好的，所以才不轻易让人得到。况且，费尽心思和力气得到的东西，总会给人一种成就感，使人更加珍惜。心理学家还发现，越是难得到的东西，在人们心中的地位越高，价值越大，越有吸引力。

65 为什么人们会坚信谣言？

关键词：预先警告

网络上流传的“塑料紫菜”“塑料大米”等虚假信息，导致一些辨识能力较弱的人产生了误解。他们仿佛接种了一种“心理疫苗”，即便官方媒体和权威机构随后进行了澄清，他们仍旧持怀疑态度，充分验证了“谣言易传，辟谣难行”的说法。

为何人们一旦接受了谣言，就算面对确凿的辟谣证据，也会继续相信谣言呢?

当个体意识到即将有人试图说服自己，特别是对方的观点与自己的立场相悖时，便会进入一种警觉状态，准备好应对可能的说服尝试，这种心理现象叫作“预先警告”。

心理学家乔纳森·弗里德曼及其同事进行了一项实验:

他们先调查了高中生对于青少年开车的看法，结果显示大部分学生对此持支持态度。几周后，研究者安排这些学生参加了一场强烈反对青少年开车的讲座。

学生们被分为五个小组：第一组在演讲开始前10分钟被告知演讲主题，并被要求关注演讲的内容；第二组在演讲开始前10分钟被告知演讲主题，并被要求关注演讲者本人；第三组未被告知演讲主题，仅被要求关注演讲的内容；第四组未被告知演讲主题，仅被要求关注演讲者本人；第五组则在演讲开始前2分钟，才被告知演讲主题。

实验结果显示：未被告知演讲主题的学生中，有67%的人在听完演讲后改变了看法，转而支持演讲的观点；相比之下，提前10分钟被告知演讲主题的学生中只有52%的人态度发生了转变。那些被告知关注演讲内容的学生中，只有54%的人转变了看法；而被要求关注演讲者本人的学生中，在66%的人态度发生了转变。

基于这些发现，研究者得出结论：预警时间越长，听众越有充分的时间进行反驳的练习，说服效果就会比预警时间短的情况更差。此外，如果仅要求听众关注演讲者而非内容，预警效应的影响则会减弱。

在现实生活中，预先警告有助于人们提前做好准备，以抵御谎言和极端的说服手段。然而，必须指出的是，预先警告只有在个体的初始态度与即将接收到的说服信息存在分歧时才有效。如果个体事先就赞同该说服信息，那么预警效应就不成立了。

66 受害者有罪论是怎么产生的？

关键词：公正世界信念

心理学家梅尔文·勒纳与同事开展了一系列实验，试图利用休克范式研究观察者对受害者的态度。被试是一些女性，研究员让她们观察另一位女性的学习测试，在测试中，一旦她回答错误就会遭到电击。当然，实验过程中的电击与受害者的反应都是假的。

起初，实验对象在观察到这位女士因回答失误而受到电击时，普遍流露出深切的同情，认为这种行为过于残忍。但随着实验的深入，被试对受害者的态度开始慢慢改变，逐渐从最初的同情转变为充满敌意。

在观察了整个过程之后，研究者向被试透露，她们将要继续观看同一受害者参与测试并遭受电击的场景。部分被试被告知，后续的电击惩罚将会更加严厉；而另一部分被试则被告知，在经历了痛苦的测试之后，受害者将会得到一笔可观的报酬作为补偿。

在初次测试即将结束时，被试已经对实验中的“受害者”角色产生了敌意。基于这一观察，研究者推测：如果被试得知受害者在测试结束后会得到报酬，她们的愤怒可能会加剧，甚至可能会羞辱受害者。那么，研究者的这一假设是否成立呢？

结果出乎意料，被试在得知这一情况后，不仅消解了对受害者的敌意，反而还增添了几分钦佩。真正对受害者感到厌恶的，是那些被告知受害者将面临更严厉惩罚的被试，她们认为受害者遭受电击是因为她过于愚笨，总是回答错误。

为何被试会将受害者遭受电击归咎于她过于愚笨呢？勒纳对此提出了这样的解释：当被试目睹无辜者受到伤害，却无能为力时，这违背了她们作为旁观者的公正世界信念。

人们渴望生活在一个公正的世界里，遵循“善有善报，恶有恶报”的原则。当无辜者遭遇不幸、善良之人遭受厄运时，这种对公正世界的信念便会受到威胁，让人陷入矛盾之中。

为了缓解这种矛盾感并维护公正世界信念，无论受害者遭受的是欺骗、偷窃、凌辱还是虐待，人们往往会为其不幸编造理由，认为受害者的遭遇是其应得的，并采取各种手段在心理或身体上与受害者保持距离，这便是我们通常所说的“受害者有罪论”。

这种现象在性侵案件中尤为常见，错误明明在于施暴者，却往往是身心遭受侵害的女性承受指责。那些秉持公正世界信念的人，站在道德的高地，对受害女性进行责难：

——“为什么你要穿着性感暴露的衣服出门？”

——“单独和异性出去，你没有想过这样做的风险吗？”

——“你不知道该怎样保护自己吗？”

所有的言辞逻辑都遵循着相同的模式，暗示受害女性之所以遭受侵犯，是因为她们自身的行为失当。这种现象的存在导致许多受害女性因害怕面对社会舆论，不愿承受指责，而选择保持沉默。她们担心一旦揭露了真相，可能会陷入无法辩解的境地，遭受更严重的伤害。然而，这种沉默却让真正的施暴者得以轻松逃避责任，逍遥法外。

看到这里，你可能会认为，持有公正世界信念并非好事。实际上，这种判断可能过于片面。公正世界信念本身也有其积极的一面，它可以帮助人们更好地应对复杂多变的物理和社会环境，专注于长期目标，遵守社会规范，并增强对世界的控制感。

为了避免公正世界信念对无辜受害者造成进一步伤害，最简单且有效的方法是提出质疑：为何作恶者会持续伤害他人？在大多数人渴望生活在一个公平世界的情况下，为何某些人能够获得超越公平的待遇？心理学家的研究表明，当新闻报道和思考角度更多地关注作恶者的行为时，受害者所承受的指责会显著减少。

PART 07

人心中的偏见
是一座大山

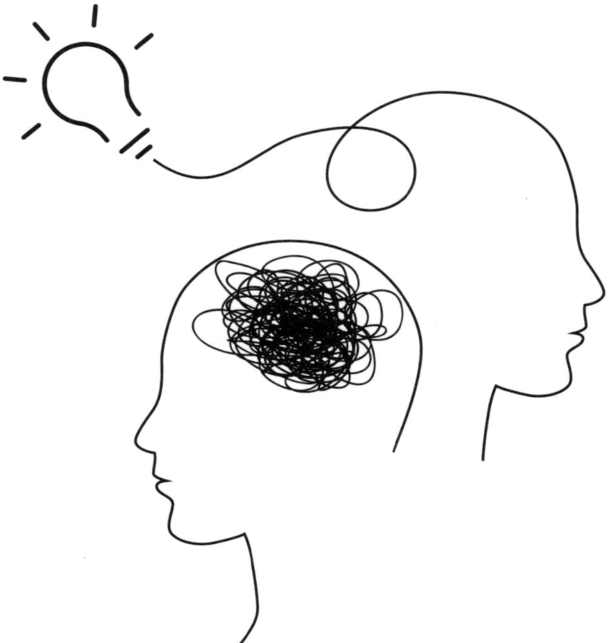

67 偏见是怎么形成的?

关键词：偏见

2017年，加州大学洛杉矶分校法律系的学生达因·苏，原计划与朋友共度一个愉快的假期。为此，她特地在“爱彼迎”网站上预订了一间小木屋。在经历了一场暴风雪后，她和朋友驾车抵达了目的地附近。然而，就在即将到达小木屋之际，她意外地收到了木屋主人发来的短信，告知她预订被取消。

苏感到非常愤怒，随即向房东发送了包含租赁协议的截屏短信。尽管如此，房东仍坚持拒绝出租，并且态度坚决地回复道：“即使你是地球上最后一个人，我也不会将木屋租给你，一个词就能说明原因——亚洲人！”

从小木屋主人拒租的回复中，想必你已经感受到了强烈的偏见。

偏见，是指对某个人或某个群体持有的不公平、不合理、负面的先入为主的判断。

偏见可能催生多种负面行为，美国心理学家戈登·奥尔波特在《偏见的本质》一书中，根据偏见的严重性（递增顺序），将其大致分为五类：

（1）仇恨言论：公开表达个人的偏见。

（2）回避：对受偏见影响的群体成员采取回避行为。

（3）歧视：主动对受偏见影响的对象进行区别对待，并对这些群体造成伤害。

（4）身体攻击：在情绪激动时，做出暴力或准暴力行为。

（5）种族清洗：暴力行为的极端表现，如种族灭绝计划。

无论我们身处世界的哪个角落，偏见的阴影似乎总是挥之不去，它广泛地根植于各种文化之中。实际上，每个人在日常生活中都可能在不同程度上对他人抱有偏见。

面对这样的现象，我们自然会提出疑问：偏见究竟是如何形成的呢？

对此，许多人可能会联想到教育的失职或个人教养的缺失。然而，教养不过是替罪羊，真正促成偏见的根源在于人类大脑的运作方式。

戈登·奥尔波特认为，偏见是人类大脑在进化过程中的副产品，它源于人类常见的一种思维谬误，即过度概括。

大脑看似聪明，但其本性是懒惰的，尤其喜欢将相似的事物归为一类以减轻认知负担。然而，在分类的过程中，大脑常常会犯错误，把一些不相干的事物归为同一类别。

不仅如此，大脑还特别固执，抗拒改变。哪怕遇到的事实依据可以把预先的分类标准推翻，大脑也会将不符合预期的个案视为例外，维持原有的分类方式。正是这种旨在节约认知资源的机制，不自觉地将我们引入了偏见的陷阱。

人性中自然且正常的本能，致使我们倾向于泛化、概括和分类，同样也就不可避免地会产生非理性的分类。即使没有事实根据，我们也会根据传闻、情感投射和幻想形成偏见。说到底，偏见和教养没有任何关系，人类天生就有产生偏见的倾向。

68 “本地人”与“外地人”

关键词：内群体偏好

网络上传播过一段由手机拍摄的短视频：

视频中，一位地铁工作人员与一位乘客发生了激烈的言语冲突，其间工作人员使用了带有地域歧视的言辞，侮辱性地称乘客为“外地人”。该视频一经发布，便在网络上激起了关于“本地人”对“外地人”持有偏见的激烈争论。

“本地人”与“外地人”的话题一直以来都是争论的热点，也是极易引发冲突的燃点。这个问题涉及地域差异和人文差异，同时也涉及群体分类的问题。

从社会学的角度来看，“本地人”和“外地人”是根据群体的心理归属对群体进行划分的一种方式。美国社会学家威廉·格雷厄姆·萨姆纳在《民俗论》中，试图用“内群体”和“外群体”这两个概念，描述个体的群体归属、群众意识，以及群体对个体的影响。

内群体：一个人所隶属的，并对其产生归属感和认同感的群体，成员之间共享亲密感和认同感，亦可称为“我们群体”。

外群体：除内群体外的所有社会群体，是人们既未参与其中也缺乏归属感的群体，亦可称为“他们群体”。

人们倾向于认为自己所属的群体更优越，对外群体怀有轻视、厌恶、回避或仇视心理，缺少互动、合作和同情心，对其成员怀有偏见和疑虑，这种心理现象被称为“内群体偏好”。

社会认同理论指出，个体在获得某一群体成员身份后，往往会无意识地将自己所属的内群体与外群体进行对比，并对内群体产生积极的认同感，倾向于为内群体成员分配更多资源。

人们普遍渴望维护和提升自尊，而积极的群体地位通常有助于提升个体的自尊水平。强烈的群体认同感，可能会让个体在不知不觉中贬低外群体，并对外群体持有偏见。相反，如果个体无法从所属群体中获得自尊感，甚至感到内群体降低了他们的自尊水平，那么个体对内群体的认同感就会减弱，他们可能会寻求脱离这个群体。

69 办公室里的无声排斥

关键词：歧视

当我们发现与某人难以沟通，或者在多个层面上彼此不协调时，我们往往会主动与其保持距离，减少与对方的互动。这种行为并非出于道德考量，也不涉及偏见，仅仅是为了避免困扰。然而，如果我们通过限制性协议、排斥行为或社区压力等手段，刻意将某个特定群体的成员排除在外，那就是赤裸裸的歧视了。

歧视，是指拒绝给予特定个体或群体平等对待，导致他们遭受不同程度损失的行为。

歧视的表现形式有很多，且在各个领域均有体现。常见的歧视行为包括对不同种族、地域、户籍、职业、年龄等群体的区别对待，比如酒店、餐厅、咖啡厅等场所将某一类人拒之门外，或对某一群体成员设置空间边界等。

一位非裔美国女孩申请了美国联邦政府办公室的职位，从面试到入职的每个阶段，她都遭受了刻意的歧视。例如，一名工作人员暗示她，这份工作其实已经有了预定人选；另一位工作人员则警告她，在一个几乎全是白人的工作环境中，她可能会感到不自在。

尽管如此，这位非裔女孩并未放弃面试，最终她成功获得了这份工作。然而，她未曾料到的是，之前所经历的种种障碍，仅仅是个序幕。当她以为自己已经战胜了所有困难，即将步入顺境之时，上司却将她的办公桌安置在了一个偏僻的角落，并用屏风围起，形成了一个明显的隔离区。

没错，歧视仍在继续，她被孤立了。

歧视包含任何基于出身或社会分类而做出的区别对待，且这样的评判与个人能力或优点无关，或与个人的具体行为无关。歧视的形式是多样的，由歧视引发的仇恨言论更加普遍。心理学家研究发现，人们的仇恨言论所造成的恶劣影响，通常比实际的歧视行为更严重。

歧视行为往往来自偏见。

社会心理学家亨利·泰弗尔认为，人们青睐自己所在的群体，其实就是在青睐自己，哪怕这个群体极其微小，且不具实际意义，它仍然会引起群体成员的高度关注。爱自己的群体是爱自己的一种表现，给予群体好评是认可自己的一种方式。

70 误解与偏见有什么不同？

关键词：误解

为了节约认知资源，大脑往往会对事物进行分类处理。毕竟，我们无法对世界上所有事物都进行详尽的评估后再决策。这种简化的反应机制导致人们常常仅依据有限的信息就进行广泛的归纳，从而陷入过度概括的思维误区。

这引出了一个问题：如果呈现了全新的、有力的证据，足以证明某人先前的判断是错误的，那么这是否能够促使他放弃原来的观念呢？

这个问题不能简单地回答“是”或“否”，因为我们要弄清楚一件事：他对这件事的看法是误解还是偏见。这两者有本质的区别。

面对新的事实证据，若能修正先前的观念，则之前的错误预判可被视为误解；反之，若在新的事实证据面前仍旧坚持原有观念，那么这种预先判断便成了偏见。

误解，是在对客观事实缺乏充分了解的情况下，对某人或某事形成的与实际不符的看法。误解与偏见之间存在明显的区别：当初步判断与事实相悖时，误解可以通过交流和讨论得到纠正，而偏见则往往抗拒任何可能颠覆它的证据。

71 人们总是会维持原有的预判

关键词：二次防御

一个对黑人存在严重偏见的人，在面对有利于黑人的事实证据时，通常都会引用一个“老掉牙”的问题：“你愿意自己的姐妹与黑人结婚吗？”

如果对方说“不愿意”，或是显得稍有迟疑，偏见的持有者就会说：“你看，黑人和我们就是不一样的”，或者“我说得没错吧？黑人的本性中就是有一些令人厌恶的东西”。

面对与自己观点相悖的事实证据，持有偏见的人们往往坚持己见，并将不符合预期的个案视为特例而排除，以此来维持对这一类别其他事例的负面看法。戈登·奥尔波特将这种“特例被允许存在”的心理机制称为“二次防御”。

奥尔波特强调，只有在两种情况下，人们才不会启动“二次防御”来维持原有的预判：

1. 习惯性的开放态度

有些人在生活中很少使用固定的类别框架来评判他人，他们对所有的标签、分类和笼统的说法都持怀疑态度，但这种情况比较少见。

2. 出于自身利益对观念进行修正

一个人经历了惨痛的教训，可能会意识到自己的预先判断是错误的，必须进行修正。

通常情况下，人们更倾向于维持自己的预判，因为这样做更为轻松。只要自己和周围人对此都没有异议，很少有人会重新审视那些构成自己生活根基的信念。

72 弗洛伊德之死，为何震惊世界？

关键词：种族偏见

2020年5月25日晚，非洲裔美国人乔治·弗洛伊德因涉嫌使用伪造货币购买香烟，遭到一名白人警察的粗暴执法。

这名警察在街头跪压弗洛伊德的颈部长达9分钟，在此期间，弗洛伊德多次挣扎并哀求“我无法呼吸”，但白人警察并未停止暴力行为，最终导致弗洛伊德窒息而亡。从警察接到报警到弗洛伊德去世，整个过程不到半小时。

英国《卫报》指出，在“弗洛伊德之死”之前，美国少数族裔已多次遭遇类似事件。2020年6月8日，在美国得克萨斯州休斯敦市，人们在教堂前排队等候告别弗洛伊德的遗体。人们纪念他，是因为他和所有公民一样，不应无端遭受暴力。

弗洛伊德所经历的警察暴力执法，揭示了长期存在的种族歧视和不平等现象，这种歧视和不平等可能对社会的每一个成员构成威胁。

恩莫德·巴尔克曾经指出：“以少数不受欢迎的个体代表整个种族，这种以偏概全的做法是极其危险的。”回顾历史长河，我们不难发现，在许多国家的发展历程中，种族偏见一直存在，它导致了形形色色的种族歧视、种族压迫等不公行为。

种族偏见，指的是个体对其他特定族群的成员持有的一种看法，认为该族群相较于其他族群处于较低的地位，并因此产生敌意和仇恨。

社会学家德瓦·佩吉尔派遣了一批训练有素、言辞得体的大学毕业生，让他们携带着一模一样的简历，拜访密尔沃基地区350多个招聘初级职位的雇主。

这些申请者中，白人和黑人各占一半，研究员要求他们在应聘过程中对雇主保持礼貌。每组申请者中，有一半的人在申请表上透露，他们曾因持有可卡因而入狱服刑18个月。

研究结果显示：对于那些自曝有犯罪记录的申请者，雇主主动联系白人申请者的比例是黑人申请者的两倍！

无论是“弗洛伊德之死”引发的悲剧，还是“种族身份对雇佣的影响”所揭示的问题，都指向了同一个核心议题：对于美国的少数族裔而言，种族偏见自1619年首批非洲人被带到北美大陆以来，一直持续至今。然而，美国白人往往将当前状况与充满压迫的历史时期进行对比，认为问题已经得到了根本性的改善；与此同时，黑人则倾向于将现状与他们理想中的社会状态相比较，由于那样的理想尚未实现，所以他们感受到的变化相对较少。

73 你被定义成了哪一类人？

关键词：刻板印象

斯坦福大学的心理学教授珍妮弗·埃伯哈特，是全球公认的隐形偏见研究领域的权威专家。她在探讨偏见产生的根源时，提到了刻板印象的影响，并着重解释了“为何亚裔女性容易成为黑人抢劫犯的目标”的问题。

“亚洲女性往往容易成为抢劫犯的目标，因为他们认为亚洲女性不会反抗。在这些抢劫犯的观念中，亚洲女性的形象是这样的：中年、脆弱、英语能力有限，甚至辨认不出抢走她们钱包的黑人青少年的面孔。因此，亚洲女性这一群体，往往被视为理想的受害者。

“对于这些亚洲女性来说，实施抢劫的个体也构成了一个群体类别。她们无法辨认出究竟是迈克尔还是贾马尔抢走了她们的钱包，只知道抢劫者通常是年轻的黑人男性。对她们而言，除了经济损失，还有在奥克兰唐人街生活的安全感被剥夺。每次遭遇年轻黑人的抢劫，都会加剧她们之前可能忽视的刻板印象——黑人是危险的。于是，黑人与犯罪之间的关联，就这样形成了。”

刻板印象，是指人们对某一群体成员的特征以及这些特征形成的原因，所具有的概括而固定的观念和看法。

人们倾向于将物质世界划分为不同的类别，并根据一些关键特征对人类进行归类。分类本身并不必然导致偏见，但它确实为偏见的形成埋下了伏笔。一旦我们开始将世界划分为不同的范畴，便容易对它们进行标签化，试图概括群体的本质，导致刻板印象的形成。

刻板印象在一定程度上可以帮助人们迅速地认识自我，理解周围的人群，以及适应所处的环境。毕竟，生活在同一地区、从事相同职业、属于同一族群、拥有相似年龄的人们，往往会展现出某些共同的特征。

然而，这种概括终究是抽象和泛化的，它无法替代每一个独特、生动的个体。某些刻板印象可能与实际情况不符，甚至是完全错误的。当我们把某些面孔归为“异类”，这种分类会阻碍我们深入了解这些面孔背后的真实情况，从而做出与事实不符的预判。

74 负面刻板印象带来的伤害

关键词：刻板印象威胁

1991 年，杰出的科学传播专家尼尔·德格拉塞·泰森在美国哥伦比亚大学获得天文物理学博士学位。当时，在全美约 4000 名天文物理学家之中，非裔美国人仅有 7 位。

在一次演讲中，泰森吐露了他长期积压的心声："人们总是认为，如果我在学术上失败了，那是预料之中的事；如果我获得了成功，那一定是外部因素所致。我一生中绝大多数的时间都在对抗这些态度，它们已经成了我的情绪负担。这是一种智力上的阉割，哪怕是我的对手，我也不愿意他们背负这样的重担。"

在特定的环境中，个体可能会担心或焦虑自己的行为会证实关于其所属社会群体的负面刻板印象，此种担忧可能会对其表现产生负面影响，这一现象被称为"刻板印象威胁"。

泰森所承受的痛苦与困扰，正是源于社会刻板印象给他贴上的标签——美国非裔学生的智力水平低于白人学生，难以获得卓越的学术成就。

这样的现象在社会中屡见不鲜，几乎每个群体都被赋予了特定的标签，如“女司机开车不靠谱”“程序员情商较低”“南方人小心眼”“北方人直性子”“女生学不好数理化”。当个人被这些负面偏见所标记时，通常会触发刻板印象威胁。

一旦消极的自我刻板印象被激活，个体便会担心自己会证实这些消极的刻板印象，从而不得不耗费大量认知资源去抑制这些消极想法。然而，个体的认知资源是有限的，当意志力被过度消耗后，在面对需要自我控制的任务时，个体往往会感到力不从心，导致表现下降。

刻板印象威胁的影响，不仅限于发生威胁的情境中，即便个体脱离了威胁环境，这种负面影响仍可能持续存在。

刻板印象之所以会产生外溢效应，原因在于它是一个压力源，会引发被威胁对象的心理压力和高度警觉，以及对刻板印象验证的恐惧。面对刻板印象威胁，美国社会心理学家克劳德·M. 斯蒂尔在其著作《刻板印象》中提出了三个解决方案。

1. 自我肯定：发挥优势，增强对刻板印象的“抵抗力”

无论是学习还是工作，我们都可能会受到自我和外部带来的刻板印象威胁，最常见的表现就是：遇到问题不是第一时间想着怎么解决，而是把它归咎于自己的原始身份。

要打破这一思维困境，我们需要建立“自我肯定”的信念。例如，记录下自己最重视、最擅长的三个方面，并通过文字详细描述，清晰地认识到自身的优势。通过持续的练习，逐渐巩固“自我肯定”的信念。

2. 摒弃比较：不断学习，跳出刻板印象的束缚

每个人都有自己的长处和短处，将自身的不足与他人的长处相比，

只会削弱自信心，加剧焦虑。正确的做法是，努力发挥自己的优势，积累成功经验，滋养自信心。同时，还要不断学习、提升自己。如果停滞不前，不求进步，就很容易用身份或过往经验来处理问题，让自己陷入刻板印象的限制之中。

3. 成长型思维：相信自己的能力是可塑的

卡罗尔·德韦克在《终身成长》中提出："拥有成长型思维模式的人相信自己的能力是可塑的，他们面对挑战时充满热情，甚至将其视为机遇，坚信通过努力可以克服挫折，重新站起来。"

尽管我们无法完全消除刻板印象，但可以通过扩展自己的知识和经验，用能力和实力撕掉贴在身上的标签，减少刻板印象带来的负面影响。

75 人们为何忌讳接受心理咨询？

关键词：污名意识

一位 16 岁的女孩，不幸患上了抑郁症，无法继续学业。她向父母坦白，说自己很痛苦，不知道该怎么调节。可是，女孩的父母却误认为，这只是她逃避学业压力、终日胡思乱想的借口。为了让她重新回到学校，父亲甚至考虑请医生出具一份证明，告知校方她并没有生病。

不久之后，女孩因为无法忍受抑郁症的折磨，在家中做出了轻生的行为。幸运的是，家人及时发现，并迅速将她送往医院，挽回了性命。这一事件让她的父母意识到，女儿的状况远比他们想象中严重得多，绝非无病呻吟或假装生病。经过这次事件，父母终于带女儿前往精神科门诊，并开始接受心理咨询的辅助治疗。

当身体的任何一个部位出现不适，人们都会想到求助医生，获得专业帮助。然而，当心理上感到不适时，无论是患者本人还是家属，通常都不会主动寻求专业帮助。

为什么人们如此忌讳接受心理咨询呢？

研究显示，患有心理疾病的个体所感受到的病耻感显著超过癌症患者。“简单心理”与北京大学心理咨询与治疗中心联合发布的《2016心理健康认知度与心理咨询行业调查报告》显示，46.2%的受访者认为只有心理脆弱的人才会出现心理问题，而26%的人认为只有心理“有病”的人才需要接受心理咨询。即便在样本存在偏差的情况下，仍有许多人对心理咨询和心理疾病持有消极看法。

在过去的很多年里，人们一直对心理问题缺乏足够的了解和正确的认识，对心理疾病持有严重的误解和偏见，甚至给患者贴上了“变态”“异常”“精神病”等带有污名的标签。所以，就算人们察觉到了自己可能出现了心理问题，受到“病耻感”的牵绊，也不愿意或不敢去进行心理咨询，生怕遭人诟病。

这种现象在社会心理学中被称为“污名意识”，即人们对某些群体、个人或事物持有的负面看法和偏见。这种意识往往源于误解、无知或社会传统观念，导致被污名化的对象遭受歧视、排斥或不公正的对待。

达特茅斯学院的两位研究人员曾经进行了一项实验：

研究人员请化妆师在一些女性被试的右侧脸颊上绘制了一条醒目的“疤痕”，并告知被试这是为了测试旁观者看到这条“疤痕”时的反应。然而，实验的真正目的是探究被试在看到自己脸上的“疤痕”后，会如何设想他人对自己的看法。

化妆师完成“疤痕”绘制后，让被试照镜子观察效果，随后以“疤痕固定需要时间”为由，悄悄地将这些“疤痕”去除，而被试对此一无所知。接着，研究人员安排被试与一位女士会面，并分享会面时的感受。

被试认为，那位女士看自己的眼神显得异样，夹杂着不安、冷漠和同情。实际上，这些感受都是她们自己投射出来的，她们以为自己脸上有“疤痕”，而对自己的评价发生了改变，进而误解了他人的行为。

这个实验告诉我们，污名意识很容易使人陷入自我构建的刻板印象威胁中，错误地认为他人的反应源于自己特定的特征。这种无根据的臆测，会显著降低个人的安全感和幸福感。

76 女司机是“马路杀手”吗？

关键词：性别刻板印象

“女生擅长文科，男生擅长理科。”

“你工作起来真像一个男人。”

“一个大男生，竟然还涂护手霜！”

“哎，这肯定又是女司机……”

“他怎么不去上班呀？一个大男人在家带孩子！”

社会文化所期待的男性或女性的一般行为模式，导致人们错误地认为某一性别就应当具备特定的特质，这种现象被称为“性别刻板印象”，它源于性别角色的社会共识。

性别刻板现象不只存在于职场之中，在现实生活的各个领域之中都可以瞥见。然而，上述的这些评判到底准不准呢？我们来看看事实和真相吧！

1. 女生擅长文科，男生擅长理科

心理学家曾进行了一项实验，被试是一群数学背景相似的男女大学生，研究人员邀请他们完成一项难度较高的数学测试。

当研究人员明确告知被试，测试中不存在性别差异，且不会对任何性别群体进行刻板印象评价时，女生的成绩与男生相当。

当研究人员暗示测试中存在性别差异时，女生在面对难度较大的题目时，明显感到焦虑和不安。这种负面情绪和心理暗示对她们的能力发挥产生了不利影响。

大脑生物基础和认知结构的证据显示，男性与女性的数理能力是一样的；而实验研究也证明，男生和女生的数学表现没有任何差异。所以，不要被性别刻板印象误导、限制或束缚，没有任何性别需要背负着固有的标签。

2. 女司机是“马路杀手”

根据交通事故的统计数据，90%的事故是由男司机引起的，而女司机仅占10%。虽然男司机的基数大于女司机，但这两个数据之间的巨大差异仍然不可小觑。

以南京交通管理部门发布的数据为例，截至2017年2月底，南京市机动车驾驶员总数达到312万人，其中男司机202万人，女司机110万人。2016年，南京市发生了57481起轻微交通事故，其中由男司机引发的事故比例高达81.5%，而女司机引发的事故仅占18.5%。

综合分析表明，女司机在驾驶时往往比男司机更为谨慎，也更倾向于确保行车安全。人们之所以普遍认为女司机容易出现失误，并给她们贴上“马路杀手”的标签，很大程度上源于性别刻板印象。

无论哪一方面的性别刻板印象，对于丰富多彩的人性来说都是束缚与压迫。女性可以是坚强的、顽皮的、爱冒险的，可以勇敢地追求事业；同样，男性也可以表达内心的软弱与恐惧，可以用哭泣释放情绪。不要对性别存在固有的、僵化的看法，无论男性还是女性，每个人的人格都应当得到充分的尊重。

77 敌意的背后藏着偏爱

关键词：爱的偏见

回顾19世纪，许多受过良好教育的欧洲人都对美国抱有成见。

1854年，一位欧洲人以轻蔑的语气评论道："美国是一个庞大的疯人院，充斥着欧洲的流浪者和社会渣滓。"他的批评充满了强烈的愤怒和蔑视，这种敌意从何而来呢？

敌意往往来自偏爱，即对自身价值系统的维护。

认知协调理论表明，人们内心存在一种追求和谐、稳定与统一的内在动力。面对价值观和信仰上的不一致，人们往往会感到不适，甚至产生排斥和厌恶的情绪。

当个体习惯于用自己的价值观去衡量周围的事物时，会不自觉地反对那些与自己价值观相冲突的人和事。在这个过程中，偏见悄然形成，其根源在于个人内心的需要。

斯宾诺莎将"出于爱的偏见"描述为"被爱蒙蔽了双眼"，强调了人们因喜爱某人而往往给予其过高的评价，正如坠入爱河的恋人认为对方的一切都是完美的。同理，个人对于自己的信仰、组织或国家的热爱，同样会导致他们对其做出不切实际的高评价。

欧洲的评论家们对自己的国家、先辈和文化怀有深厚的爱，并以此为傲。他们抵达美国时，似乎觉察到了一种潜在的威胁，出于对自身价值体系的保护和维护，他们开始对美国进行无根据的预设和贬损，试图通过这种方式来强化自己的价值观。他们并非天生就对美国抱有敌意，这种敌意实际上是他们对传统生活方式和价值体系的偏爱所致。

由偏爱引发的偏见，正如弗洛伊德所言："在我们对不得不接触的陌生人表现出的不加掩饰的厌恶与反感中，我们意识到，这实际上是对自己的爱的表达，是一种自恋。"

78 如何避免成为"背锅侠"？

关键词：替罪羊理论

希伯来人实行一种宗教仪式：在赎罪日，人们会通过抽签选出一只活羊。身着亚麻长袍的大祭司，将双手轻放在山羊的头顶，向其忏悔以色列民族的罪行，试图将这些罪行"转移"至山羊身上，随后将这只山羊放逐野外。仪式结束后，人们相信自己的罪责已被清除，从而摆脱了心灵上的重负。

在现实生活中，我们经常能目睹类似的情境。

当一个孩子遭受老师的羞辱，却无法反抗时，这种挫败感可能会驱使他向周围较弱小的旁观者发泄。

当一个美国人在求职时屡遭挫折，他可能会将问题归咎于移民，认为是他们夺走了美国人的工作机会，从而对移民产生偏见，甚至采取歧视行为。

在社会或群体中，当出现危机或问题时，人们倾向于将责任归咎于某个特定的个体或群体，从而减轻自身或集体的焦虑和内疚感，这种现象被称为“替罪羊理论”。

在大多数情况下，人们在遭遇挫折时，侵犯行为往往都会指向挫折的制造者。但当无法对造成挫折的源头进行反击，或感到无法对抗导致挫折的真正原因时，他们往往会对某个个体或群体产生偏见，而受偏见的个体或群体就可能成为他们情绪宣泄的“替罪羊”。

通常来说，那些看似温顺、恐惧人际冲突、难以拒绝他人请求的“老好人”，最容易成为无辜的“替罪羊”。他们倾向于内归因，面对任何情况都倾向于认为是自己的过错，即使遭受不公，也倾向于默默忍受，不敢反抗。

为了避免成为无辜的“替罪羊”，以下几点事宜务必要牢记。

1. 明确责任界限

遭受无端指责时，切勿盲目认同或接受，不要把所有问题都归咎于自己。要客观分析整个事件，明确责任归属，区分哪些是自己的责任，哪些是别人的错误。对于应由自己承担的责任不回避，对于应由对方承担的错误也要明确指出，以免对方推卸责任。

2. 尊重内心感受

想获得他人的尊重，首先必须自我尊重，正视自己的真实感受。在感到委屈、受伤或被侵犯时，要勇敢面对，而不是一味隐忍和压抑，假装无所谓。如果你不向对方表明哪些行为是你无法接受的，对方就不会知道你的底线，越界行为可能会持续发生。

3. 远离“甩锅”群体

时间会揭示真相，日久见人心。当你识别出某些人总是心怀不轨、习惯于推卸责任时，要主动与之保持距离，以避免给自己带来麻烦和伤害。

79 没有人觉得自己有偏见

关键词：无意识偏见

霍华德·休斯医学研究所的研究人员，通过实验揭示了性别因素直接影响着科研人员的聘用情况。在面试实验室经理职位时，即便男性候选人和女性候选人的简历信息完全相同，教授们仍然倾向于给男性候选人更高的评分和更优厚的薪酬待遇。

宾夕法尼亚大学沃顿商学院的教授，针对 1991~2003 年 NBA 裁判做出的 60 万次犯规判定进行了研究，在剔除众多非种族因素后发现：白人裁判倾向于对黑人球员吹罚更多犯规，而黑人裁判则倾向于对白人球员吹罚更多犯规。然而，统计数据显示，黑人裁判的偏见程度明显低于白人裁判。

这些行为都是偏见的表现，且都是在无意识的情况下发生的，可是人们却完全没有意识到自己在这样做。听起来似乎有些荒谬，但事实就是如此，不管我们所做的决策是大是小，都不能免除环境因素的影响，只是多数时候我们没有觉察到而已。

心理学、认知神经科学和社会学等多个领域的专家，通过观察大量生活事件，以及进行数百次的实验，得出了一项结论：人们从来都不觉得自己有偏见，但在潜意识中仍然潜藏着对特定群体或特征的偏见。

美国心理学家布雷特·佩勒姆教授说：“事实上，所有的偏见都是无意识的。比如，人们普遍认为女性更擅长养育，而男性更有力量，这些观念已经在我们的潜意识中根深蒂固。正如巴甫洛夫的实验中，狗一听到铃声便知道食物即将到来，偏见使我们在面对生活中的各种情境时无须每次都重新评估。”

80 怎样才能减少偏见？

关键词：接触假说

1954年，一对非裔美国夫妇向法院提起诉讼，指出为黑人提供的隔离学校设施是不平等的。当时，他们8岁的女儿琳达·布朗，每天要步行1.5公里，绕过一个火车调车场，前往堪萨斯州托皮卡市的黑人小学，而她家附近就有一所供白人儿童就读的公立学校。

当时，托皮卡市的学校体制是基于种族差异进行分离的，遵循“隔离但平等”的原则，这种做法在当时是合法的。然而，琳达的父母认为，这一体制忽视了许多“无形”的因素，种族隔离本身对黑人儿童的教育造成了不利影响。

最终，联邦最高法院一致裁定，公立学校的种族隔离体制违反了宪法。首席大法官厄尔·沃伦指出：在公共教育领域，“隔离但平等”是行不通的，分离的教育制度本质上会造成不平等。这一具有里程碑意义的裁决，彻底结束了“隔离但平等”的体制，显著推进了黑人与白人平等权利的实现。

面对这一具有历史意义的裁决，众多政治家和学校管理者表示难以理解，他们担忧黑人与白人学生被迫共同就读同一所学校，可能会引发灾难性后果。然而，社会心理学家们对这一判决感到振奋，他们坚信行为的转变能够促进态度的转变。

他们预测，当黑人儿童与白人儿童有机会直接互动时，那些抱有偏见的儿童及其家长将逐渐摒弃对其他群体的固有成见。在实际的交往中，他们将更深入地理解彼此，进而培养出友谊。社会心理学家的这一理论，后来被称为“接触假说”。

接触假说理论主张，当不同社会群体的成员缺乏互动时，他们对彼此的了解往往有限，这容易导致误解的产生；而增加不同群体成员之间的社会性接触，则有助于改善群体间的关系，降低彼此间的偏见和歧视。

在破除公立学校的种族隔离制度之后，情况是否像社会心理学家预估的那样呢？

有人拍摄了废除种族隔离制度后学校校园的空中照片，结果发现事实并没有那么顺利和乐观：白人小孩还是倾向于和白人小孩在一起玩，而黑人儿童则倾向于和黑人儿童聚集在一起，拉美裔的孩子也呈现出了同样的情形。

为什么会出现这样的情况呢？难道说，接触假说是无效的？

我们不能简单地对此进行判定。无论是在实验室里，还是在现实社会中，接触假说都得到了许多有效的验证。真正的问题在于，当美国学校取消种族隔离制度时，白人学生与其他少数族裔学生之间存在显著的“不平等”现象。那时，少数族裔社区的学校在设施和教学条件上普遍落后于白人社区的学校。

这些学生突然转入以白人为主的中产阶级学校，面对一个全新的环境，感到措手不及。所有规则都发生了变化，他们必须在心理上适应与自己成长背景截然不同的环境，这些因素可能会损害他们的自尊心。与此同时，白人的偏见尚未显著减少，因此少数族裔学生往往会团结起来，维护自己的身份认同，抵制“白人”的教育价值观，以此来增强自尊。

社会心理学家特别指出，让不同民族和种族背景的孩子接触只是第一步，更重要是进入同一所学校之后，要让他们建立合作和相互依存的关系，才能有效地减少偏见。

如果总是处于竞争状态，两个群体之间的敌意是很难消除的，一旦这种不信任被牢固地建立起来，即使在非竞争条件下把这些群体聚集在一起，也只会增加敌意和排斥。

PART 08

喜欢一个人
有"道理"吗?

81 熟悉的事物会让人感到安心

关键词：曝光效应

在20世纪60年代，社会心理学家罗伯特·扎荣茨进行了一项有趣的实验：

他邀请了一组被试，向他们展示了一些男性的照片，并确保被试不认识其中的任何人。在展示过程中，有一些人的照片仅出现了一两次，而另一些人的照片则出现了十几次甚至二十几次。随后，研究人员请被试评价他们对这些照片中人物的喜爱程度。

实验结果表明：与那些仅出现了一两次的面孔相比，那些出现了二十几次的面孔显然更受欢迎。换言之，曝光的次数提升了喜爱程度，扎荣茨将这种现象命名为“曝光效应”。

一个事物越是不断在人们眼前出现，人们就越有机会喜欢上这个事物。

热衷于实验研究的扎荣茨，还开展了一项逻辑上更为复杂的研究：

实验被试随机从一个小型空间转移到另一个，品尝各种饮料。在每个空间中，被试与其他被试相遇的频率各不相同，且他们在实验开始前彼此并不认识。在品尝饮料的过程中，被试之间会有简短的会面，但没有语言沟通。饮料品尝结束后，研究人员要求被试相互评价。

研究结果表明：被试对那些相遇频率较高的人给出了更高的评价，而对那些相遇次数较少的人则评价较低。评价高低与饮料的口味无关，完全是受到“相遇频率”这一单一因素的影响。

为何会出现曝光效应？究竟是什么在影响着我们的感知呢？

社会生物学家从进化的角度进行分析，认为人们内心深处有一种倾向，即认为熟悉的事物是安全的，而不熟悉的事物可能带来危险；频繁接触那些熟悉且安全的刺激，同时避免那些未知和不可预测的刺激，能够提升生存和繁衍的可能性。

82 物以类聚，人以群分

关键词：相似性

社会心理学家曾经开展了多项实验，试图研究相似性的影响。

在普渡大学，研究者有意安排了一些社会政治观点相似或不相似的男生和女生进行盲约。每对学生在学生会里一边品尝饮料一边交谈，相互了解。在45分钟的盲约结束后，研究者发现：观点相似的学生比不相似的学生更加喜欢对方。

在堪萨斯州立大学，研究者要求13位男性在防空洞里共同度过10

天，其间不断评估他们之间的情感变化。结果显示，能够和谐相处的人，往往拥有许多共同点。如果可能，他们甚至希望将那些与自己格格不入的人赶出防空洞。

在人际交往中，人们偏好那些在信念、价值观、态度、个性特征、年龄、社会地位、地域等方面与自己相似的人；对方与自己越相似，他对对方的好感度就越高。

人们常说“物以类聚，人以群分”，这大致说明了人们容易对与自己相似的人产生好感，并进而成为朋友；如果彼此的兴趣和志向不相投，就很难达成共识，更不用说深入交往了。

为什么我们会有这样的心理呢？

1. 提升“自我正确”的安心感

与自己三观相近的人交往，更容易获得对方的认同，彼此之间很少出现争执，容易得到对方的支持，从而增强“自我正确”的安心感，减少受到伤害的可能性。

2. 相似的人容易形成一个群体

人们总是希望通过建立一个基于相似性的群体，来增强对外界反应的能力，确保反应的正确性。在与自己相似的集体中活动，人们遇到的阻力较小，活动也更加顺畅。

83 距离会产生美吗？

关键词：接近性

有一项关于情侣相识场所的调查结果显示，排名靠前的几个场所分别是“职场或与工作相关的环境”“兼职工作地点”以及“学校”。在问卷反馈中，69.6% 的受访者表示他们的初恋对象是同学校的同年级学生，而其中 51.2% 的人更是与同班同学擦出了爱的火花。

人与人之间能否相互吸引和喜欢，以地理距离的“接近性”为首要条件。两个人之间距离越远，感情越容易淡漠；距离越近，内心越容易感到亲近。

地理上的接近有助于加深彼此的情感联系，这与易得性有很大关系。当你遇到困难，需要陪伴和援助时，身边的人能够立即响应你的需求。如果身在别处，即便对方心中牵挂着你，也难以迅速出现在你面前提供慰藉。

这一点很好地解释了，为什么同事、同学之间很容易结成友谊，甚至发展成恋人关系，而维系异地恋却显得格外艰难。因为异地恋所面临的挑战是双重的，既有地理上的距离，也有功能性距离，也就是两个人生活轨迹交汇的频率。

起初，异地恋可能不会显露出太多冲突，因为双方经常保持沟通，尽管身处异地，却能了解对方的日常活动，维持着相似的生活节奏。然而，随着时间的流逝，双方的功能性距离会逐渐扩大。

当你空闲时想要与他分享一些想法，他却迟迟不回复你的信息；当你在工作中遇到困扰，她因为不了解具体情况，便直接批评你的语气不佳。这种状况若反复出现，双方交流的意愿可能会逐渐消退，甚至开始觉得对方变得不那么重要，感情也随之变得疏远。

所以，就感情这件事而言，距离无法产生美，只会产生更大的距离。

84 难以忘记，初次见你

关键词：首因效应

假设一位新同事第一天入职，你跟她打招呼却并未得到回应，你可能会觉得这个人有点儿高傲和冷漠。然而，在随后的一次聚会上，她却展现出了风趣幽默的一面，还向大家轮流敬酒。对此，你是否会立刻改变看法，认为她是一个热情友好的人呢？

想必没那么简单。多数人遇到这样的情况，仍然会觉得这位新同事本质上是冷漠的，只是今天的情况有些特殊，甚至会怀疑对方可能在“逢场作戏”。原因就是，她给你留下的第一印象就是“高傲”和“冷漠”。

美国心理学家洛钦斯认为，人与人第一次交往中给人留下的印象，会在对方的头脑中形成并占据主导地位。第一印象比以后接触中得到的信息更强，持续的时间也更久，这种现象叫作“首因效应”。

心理学家通过一系列实验，对首因效应进行了验证：

研究者将被试分为两组，并向他们展示同一张照片。他们告知A组成员，照片中的人是一位屡教不改的罪犯；告诉B组成员，照片中的人是一位杰出的科学家。随后，研究者要求被试根据照片中人的外貌特征，分析其性格特点。

A组成员的描述是：“眼睛深陷，流露出一丝凶狠的杀气；额头高耸，显露出一种不知悔改的顽固。”B组成员的描述则是：“目光深沉，透露出其深邃的思维；额头饱满，彰显了他探索研究的坚定意志。”

该实验充分阐释了首因效应的影响：一旦建立了积极的第一印象，人们在随后的互动中往往会倾向于识别出对方的积极特质；反之，若初始印象是负面的，人们在进一步了解的过程中则更倾向于寻找对方的消极方面。

研究表明，人们在初次会面前30秒的表现，给对方留下的印象最为深刻。换句话说，第一印象的形成速度是非常快的，心理学家纳利尼·阿姆巴迪认为，这是人类为了生存而发展出的一种快速决定环境危险与否的能力。

那么，第一印象的效应会持续多久呢？

当第一印象在多种情境下反复受到质疑时，人们才会形成新的判断，从而让最初的印象失去效力。如果第一印象仅在相同的情境中反复遭遇挑战，其影响力依旧会持续。

比如，那位给你留下“冷漠傲慢”印象的新同事，除了在聚会上表现出友好热情之外，她必须在很多场合和情境之下，都表现出友好热情，才能让你对她改观。毫无疑问，这需要很长的时间，正所谓“路遥知马力，日久见人心”。

这也提醒我们，在日常交友、求职、谈判等社会活动中，一定要把自己最好的一面展示出来，给对方留下一个好的第一印象，为日后的深入交往奠定基础。

85 以貌取人是无法避免的

关键词：外表吸引力

英国女王在给威尔士王子的一封信中说道：“衣着展现了一个人的外在形象，人们在判定人的心态，以及形成对这个人的观感时，通常都凭他的外表，而且常常这样判定，因为外表是看得见的，而其他则看不见，基于这一点，穿着特别重要。”

读到这些话，你或许会思考：这难道不是在提倡以貌取人吗？

的确，这听起来可能让人感到不适，毕竟我们从小接受的教育是

“不要以貌取人”“不能仅凭封面来评价一本书的价值”。然而，不管我们是否愿意承认，外貌在生活中的影响力确实具有普遍性和一致性。

每个人内心深处都渴望美、向往美、追求美，这种心理驱使人们积极地爱美、装扮美、学习美。在现实生活中，人们也总是对美的事物或人抱有好感。

社会心理学家的研究表明，年轻女性的外貌吸引力在一定程度上可以预测她的约会频率。换言之，女性的外表吸引力越强，她们越有可能吸引男性，并促使他们愿意继续约会。那么，在婚恋交友的议题上，是不是只有男性才注重外貌，而女性更注重对方的内在品质呢?

人类是视觉动物，都会对美的事物产生偏爱。无论是男性还是女性，对外表吸引力的期待都是一样的，这是不可否认的事实，也是人类大脑皮层的自然反应。

我们无法回避现实，也不能否认外貌吸引力的重要性，它就像一张通行证，即便是藏有宝藏的王国，也需要一个吸引人的门面，才能激发人们探索和发现的欲望。

86 滤镜之下的误判

关键词：晕轮效应

俄国文豪普希金，曾深深迷恋上莫斯科的第一美女娜塔丽娅，并与她步入婚姻的殿堂。

娜塔丽娅的美貌令人瞩目，但她与普希金在兴趣爱好上却大相径庭。每当普希金满怀激情地朗读自己的诗作时，她总是显得不耐烦，捂着耳朵拒绝聆听，声称“我不要听”。她更倾向于让普希金陪伴她外出游玩，参加各种盛大的社交活动。

为了取悦娜塔丽娅，普希金不惜搁置了自己的文学创作，导致财务状况恶化，最终因一场决斗而英年早逝。就这样，文学界失去了一位耀眼的明星，令人无限惋惜。

美国心理学家爱德华·桑代克提出，人们在认识和评价事物时，通常会从局部开始，逐步扩展至整体。然而，这种认识和评价往往带有模糊性，容易导致人们得出以偏概全的结论，这一现象被称作“晕轮效应”。

当一个人的某种特质给人留下了非常好的印象，在这种印象的影响下，人们对这个人的其他特质也会给予较好的评价。在普希金看来，外表美丽、举止优雅的娜塔丽娅，理应拥有非凡的智慧和丰盈的内在。然而，一切都只是他的主观臆想。

晕轮效应会对人的心理产生巨大的影响，让人在美好的滤镜之下产生误判。要克服晕轮效应的负面影响，我们在人际交往中要注意下面这些问题。

1. 客观对待第一印象

先入为主的第一印象，往往会影响我们对后续信息的评估。所以，我们不能过早地对他人做出评价，应通过更多交流来增进对彼此的了解。

2. 警惕投射倾向

我们常常会不自觉地将自己的某些心理特质投射到他人身上，如果不加以注意并缺乏清醒和理性的自我反思，很容易形成偏见。

3. 听取他人意见，避免主观臆断

为了公正准确地评价一个人，我们需要综合考虑各种因素，并参考他人的意见，以避免个人主观判断的错误。

4. 避免循环证实

一个人对他人的偏见往往会得到自动证实，“疑邻窃斧”就是一个典型的例子。当我们对某人持有成见时，应当自觉审视自己的态度和行为，努力摆脱晕轮效应的束缚。

87 我们是如何选择另一半的？

关键词：匹配效应

谁都喜欢充满魅力的人，却不是谁都会与魅力非凡的人结成伴侣。在现实生活中，我们到底是如何选择朋友或爱人的呢？

在挑选朋友、约会对象或终身伴侣时，人们往往倾向于选择那些在智力、自我价值感、社交受欢迎程度以及外貌吸引力方面与自己相匹配的个体。

美国心理学家伯纳德·默斯坦等人的研究表明，在知道对方可以自由选择或拒绝的情况下，人们通常会选择接触那些在吸引力方面和自己比较匹配的人，许多实验都证实了这一点。

格雷戈里·怀特在美国加州大学洛杉矶分校进行的有关约会的研究结果显示，外表上的匹配有利于关系的进一步发展和维持；九个月后，那些外表吸引力高度相似的人，更有可能发展成恋人关系。

然而，在现实生活中，我们也会看到这样一种情况：尽管夫妻双方在外貌上的吸引力并不相配，但他们却携手共度数十年的时光，这种现象应如何解释呢？

通常来说，外表吸引力较弱的一方，往往拥有其他方面的优秀品质，这些品质可以弥补外貌上的不足。这就好比，两个人将各自的资本投入社会市场，通过相互匹配来实现各自资本价值的最大化。正如艾里希·弗洛姆在《健全的社会》中所言:“爱情实质上是一种双方都感到满意的交换过程，双方在衡量了彼此的价值之后，都能获得自己所期望的核心利益。”

88 为什么你会被某些人吸引?

关键词: 吸引奖赏理论

如果你有一位交往多年的朋友，或是有一位相处多年的亲密伴侣，你不妨思考一下：是什么原因让你选择与对方成为朋友？为什么你会被现在的伴侣所吸引？

在你寻找答案的过程中，你可能会想到对方的诸多优点，例如：性格开朗、待人接物亲切、勤奋好学、思想深邃。这些优点固然引人注目，但真正的吸引力是双向的，既包括吸引者，也包括被吸引者。社会心理学家认为，对这一问题更精确的解释应该是:“我之所以喜欢 TA，是因为与 TA 相伴让我感到……”

我们之所以会被某些人吸引，是因为他们的出现对我们具有奖赏价值，这就是所谓的“吸引奖赏理论”。

人们倾向于喜欢那些能为自己带来奖赏，或者与奖赏事件紧密相关的人。吸引力的基础是一种奖赏，这种奖赏分为两种：直接奖赏与间接奖赏。

直接奖赏，是指在人际互动中，他人所给予的明显愉悦感。

例如：令人愉悦的个性特质、物质利益与便利性，以及言行上的肯定与赞扬，均归类为直接奖赏。他人提供的直接奖赏越丰富，对我们产生的吸引力也就越强烈。

间接奖赏，是指仅与他人有关的间接利益，这种奖赏是微弱的、不易觉察的。

例如：我们都喜欢与自己相似或志同道合的人，容易被积极、热情、可靠的人吸引，会对同一天生日的人产生更多的好感，喜欢那些喜欢我们的人。

在人际互动的过程中，若所得到的奖赏超过所付出的成本，我们便倾向于保持这种联系。无论是友情还是爱情，均遵循这一基本原理，能够为对方提供丰富的情绪价值、幸福感以及社会性支持时，双方的吸引力便会相应增强。反之，若双方频繁发生争执，彼此消耗，那么彼此间的吸引力将逐渐消退，直至接近零点，最终导致关系的破裂。

89 偶尔犯点小错更招人喜欢

关键词：破绽效应

心理学家向被试展示了四段内容相似，但情境各异的访谈录像。

录像1：一位在某领域内取得卓越成就的杰出人士，正接受主持人的访谈。他表现得自信满满，言辞中透露出非凡的气质，面对镜头时毫不羞涩，观众也频频对他的精彩表现报以热烈掌声。

录像2：同样是一位杰出人士的访谈，当主持人提及他的辉煌成就时，他显得有些局促不安，甚至紧张到不小心碰翻了桌上的咖啡杯，使得咖啡弄脏了主持人的衣服。

录像3：一位普通人的访谈，与前两位成功人士相比，他似乎没有太多值得夸耀的成就。整个访谈过程中，他表现得十分自然，既不紧张也不特别引人注目，一切显得都很平淡。

录像4：受访者也是一位普通人，但他在访谈中显得异常紧张，与录像2中的成功人士相似，他也意外地将咖啡杯碰倒，弄脏了主持人的衣服。

实验结束后，心理学家要求被试从这四位受访者中，挑选出自己最喜爱和最不喜爱的对象。结果显示：几乎所有人都不喜欢第4段录像里的那位打翻咖啡杯的普通先生，而多数人都喜欢第2段录像里那位打翻了咖啡杯的成功人士。

心理学家提出，对于那些成就斐然的个体，偶尔的失误，如不慎打翻咖啡杯等，实际上会增加他们的亲和力和可信度。如果一个人始终表现得很完美，无可挑剔，反而会让人感觉不真实，毕竟完美是相对的。

一个才能出众的人偶尔犯点小错误，不仅不会损害他的形象，反而会让人更喜欢他，因为他展现了人性中普遍存在的不完美，这种现象被社会心理学家称为“破绽效应”。

通过实验不难看出，破绽效应的产生是需要一定条件的：犯错误的人要有非凡的才能，而不是能力平庸，且只是偶然犯一些无伤大雅的错误。如果一个人才能平庸，却频繁犯下小错，只会令人反感。

破绽效应提示我们，在日常人际交往中，不必过分追求完美。在不断自我提升和能力培养的过程中，适度地展现一些无伤大雅的小瑕疵，反而能拉近与他人的距离，为自己赢得更多的好感和良好的人际关系。

PART 09

人性中的美德与暴力

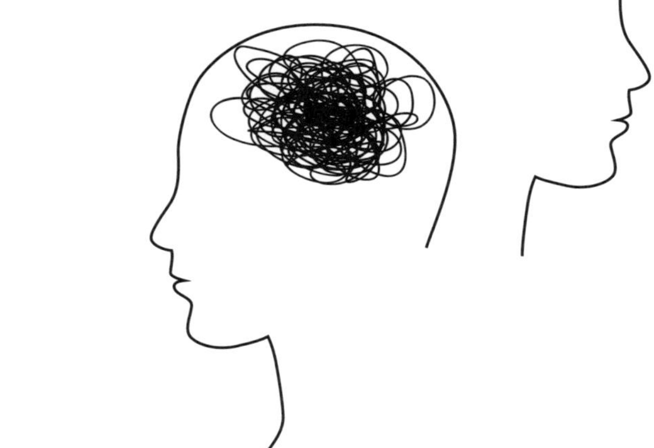

90 我们为何要帮助他人？

关键词：利他

“利他主义”这一术语，最初由 19 世纪的法国实证主义哲学家孔德提出。孔德主张，人类不仅拥有利己的本能，同样也具备利他的本能。在社会心理学的范畴内，绝大多数心理学家倾向于从行为角度界定利他主义，将其定义为一种不期待未来回报、源自内心自由意志的行为，即一种基于自愿和自主选择的援助行为。

那么，到底是什么驱使着人们做出利他行为呢？

在交往的过程中，人与人之间不仅会交换金钱与物质，还会交换服务、信息、地位、爱等。从长远来看，帮助行为不仅让受助者受益，也让施助者受益——获得外界的激励，以及内在的满足感。

1. 外部激励

对商人来说，投身于慈善事业，成立各种不同的基金会，不仅能给有需要的人带来帮助，也可以提高企业的知名度和形象；对普通人来说，下班时顺路搭载同事，可以获得对方的好感和融洽的职场关系。

2. 内在满足

心理学家曾经对85对夫妻进行了为期一个月的调查，结果发现：给予伴侣情感支持，对给予者有着积极的意义，会让给予者产生良好的心境。

实验研究结果还显示，投身于社区服务计划，或是帮助他人学习、辅导儿童等活动的年轻人，明显地降低了辍学、早孕和犯罪的概率。

如果帮助他人是为了获得赞许、避免内疚、提升自我形象，这还算是利他吗？

对此问题，心理学家指出："只有当我们不能解释别人做好事的原因时，我们才会信任他们。当我们找不到外在的解释时，就会把利他行为归结于内在品质；当外部驱动力明显时，我们就会认为利他是出于某种目的，而不是个人品质。"

91 滴水之恩，勿忘回馈

关键词：互惠法则

在第一次世界大战中，德国特种兵常常要潜入敌后，捕获俘虏以获取情报。

有一位德国特种兵，多次成功地深入敌阵，将俘虏带回己方审讯。这一次，他再次踏上征途，凭借对战场的熟悉，迅速地穿越了两军对峙的无人地带，出现在敌军的战壕之中。

此时，一名落单的敌军士兵正在吃东西，没有任何防备，特种兵迅速而果断地将其制服。士兵手中的面包还没来得及放下，便已成了战俘。那一刻，被俘的士兵出于本能，将手中的面包递给了这位“不速之客”。

这一举动，或许是他一生中最明智的选择。眼前的德国士兵，被这一幕深深触动。他做出了一个出人意料的决定——释放这位敌军士兵，并独自返回。他清楚地知道，回去后必将面对上级的严厉责难，甚至可能面临严重的惩罚，但他依然坚定地选择这么做。

互惠法则强调，对于那些给予我们善意和帮助的人，应当以同等的善意回报，避免采取任何可能对他们造成伤害的行为。

互惠法则是人类社会中根深蒂固的行为规范，它要求人们在得到他人的帮助或恩惠后，要给予某种回报。如果不能做到这一点，就会体验到一种心理上的不安感和自我价值的贬损，这种反应体现了对社会规范的敬畏，也反映了人们对自身在社会中地位可能受损的敏感性。

心理学家曾在一群素不相识的人中随机抽样，给挑选出来的人寄去圣诞卡片。他预计会收到一些回应，但没有想到，大部分收到卡片的人都给他回了一张，尽管那些人并不认识他。

给他回赠卡片的人，压根也没有想过去打听一下，这个陌生人到底是谁。他们收到卡片后，很自然就回寄了。也许，他们以为是自己忘了这个人是谁，或者以为自己忘记了对方寄卡片的原因，不管怎样，自己都不能欠对方的情，给人家回寄一张，总不会错。

了解了互惠法则之后，我们便能够深刻地理解，为什么一个训练有素的德国特种兵也会被一块简单的面包所触动。也许，他压根就没有接过对手递来的那块面包，但他却能从中感受到对方的善意，即使这份善意里夹杂着一丝求生的渴望。在那一瞬间，他内心深处涌起了一种强烈的信念：无论如何，他都不应将一个对他抱有善意的人视为敌人，更不能剥夺其生命或将其作为俘虏带回。

92 得不到对等的回报，人们还会付出吗？

关键词：社会责任规范

互惠法则告诉我们，在人际相处中，当他人向我们伸出援手、给予善意时，我们也要回应同样的善意，而不是施以伤害。如果我们接受了对方的援助或恩惠，却未能给予相应的回报，内心便会感到不安与自我贬低。

可是，互惠法则并不适用于所有人。比如，孩子、残疾人、生活极度贫困的人，他们需要依赖周围人和社会的援助才能生存，没有足够的能力去回报那些给予自己帮助的人。面对这些弱势群体，人们明知道自己的付出得不到对等的回报，仍然会做出无私的善举，表达诚挚的关爱，这又是为什么呢？

社会责任规范是激发助人行为的一个关键因素，它强调人们应该向那些面临紧急困境和迫切需要帮助的人伸出援手，这种援助基于无私的动机，不期待任何未来的交换与回报。

社会责任规范倡导我们伸出援手，去支持那些“真正需要帮助且应该得到帮助的人”。在判断一个人是否需要帮助时，归因理论扮演了至关重要的角色。当人们将他人的困境归咎于外部不可控因素时，往往愿意提供援助；相反，若将问题归因于个人的选择，人们可能会认为对方不值得同情，认为其遭遇是咎由自取。

93 共情感受会唤醒利他动机

关键词：同理心

伯明翰大学的两位学者开展了一项实验，他们邀请了 108 名大学生观看一系列会引发疼痛感的影像资料，如患者接受注射、运动员受伤等，并要求他们在观看后描述他们在观看这些影像时的心理感受。实验结果显示：约有 1/3 的被试表示至少在一个场景中体验到了疼痛感，这种疼痛感不仅限于情绪层面，还涉及生理层面。

对于那些能够体验到感应式疼痛的被试，研究人员将其定义为“感应者”，而那些未体验到疼痛感的被试则被称为“非感应者”。接着，研究人员在两组中各选出10名被试，让他们观看三种不同类型的场景：一是忍受疼痛的场景，二是情感上令人动容但不涉及疼痛的场景，三是普通场景。在被试观看这些场景的同时，研究人员利用仪器仔细监测他们的大脑活动。

通过观察，研究人员发现，无论是感应者还是非感应者，在观看疼痛场景时，他们大脑的情感中枢均处于活跃状态。然而，相较于非感应者，感应者大脑中与疼痛感知相关的区域活动更为强烈。当感应者观看那些令人动容的场景时，他们大脑中与疼痛相关的区域逐渐趋于平静。研究人员认为，这一实验结果充分证明了感应式疼痛现象的存在。

社会心理学家丹尼尔·巴特森认为，目睹他人的痛苦会引发共情，让人们更多地关注受害者的痛苦。为了帮助他人减轻痛苦，人们会选择伸出援手。

当人们的同情心被唤醒，即便知道自己的援助可能不会被他人所知，仍然愿意向受难者提供支持；如果受难者未能得到预期的帮助，即便不是自己的过错，人们也会感到沮丧。这种充满同情心的关怀，激发了人性最光辉的一面，更贴近真正的利他主义。

94 如何让世界充满爱？

关键词：利他主义社会化

亚利桑那州立大学的一位心理学家在实验中发现：

当人们频繁地向他人伸出援手，会催生一种类似快乐的满足感，减少压力激素的分泌，同时释放出能够带来愉悦感、缓解痛苦的内啡肽。这一过程不仅有助于心血管健康，还能增强免疫系统功能，从而延长人们的宁静时光。根据这一现象，心理学家提出了一个新词汇，即“助人快感”，用来形容帮助他人带来的愉悦体验。

帮助他人是快乐的，被人帮助是幸福的。我们每个人都渴望生活在一个充满爱与善的环境中，希望当自己处于逆境时，总有人愿意伸出援手。我们该如何实现这一美好的愿景呢？

社会心理学领域的专家们普遍认同，利他作为一种可习得的行为，完全可以通过特定的方式融入社会生活，从而增加社会中的助人行为。

1. 培养道德包容性

如果只是把关怀与喜爱集中在“我们”身上，忽视其他群体，会限制人们的同理心。所以，利他主义社会化的第一步是摒弃内群体偏见，激发个体的道德包容感，模糊“我们”与“他们”的界限，关注那些与自己不同的群体。

2. 树立利他主义的典范

全球影响力研究的权威人士罗伯特·西奥迪尼及其研究伙伴发现，相较于大张旗鼓地否定乱扔垃圾、偷税漏税、青少年吸烟等负面行为，强调人们关注保持卫生、诚实守信、戒烟戒酒等正面行为，其效果更为显著。例如：为了防止游客带走树木化石，与其告知“以往的游客常常会取走树木化石”，不如传达“为了保护公园，以往的游客从不取走树木化石”的信息。

3. 实施具体的援助行动

心理学家埃尔文·斯陶布提出，助人行为主要受两个因素影响：

（1）同理心：设身处地感受他人所处的困境。

（2）助人的能力：具备帮助他人的知识或技能。

通过培养儿童的同理心，以及教授他们如何提供帮助的实践技能，可以促进儿童养成助人为乐的行为习惯。如果把“服务学习”与志愿者活动融入学校教育体系，也有助于增强学生未来的公民参与意识、社会责任感以及团队合作能力。

行为会影响态度，当人们做出助人行为之后，会将自己视为“一个富有同情心与爱心的人”，这种自我认知又会进一步促进帮助行为，从而形成积极循环。

4. 将助人行为归因于利他主义

当人们认为自己的行为主要由强大的外部因素所驱动时，他们往往会低估内部因素在行为中所起的作用，这种现象在社会心理学中被称为“过度辩护效应”。

丹尼尔·巴特森及其团队在堪萨斯大学进行了“过度辩护效应”的实验研究，研究结果表明：在缺乏报酬和社会压力的环境下，助人行为更能激发被试的无私感；反之，在有报酬或社会压力的情况下，助人行为所引发的无私感较弱。

过度辩护效应提醒我们，对一种行为的反馈过度，可能会让个体将行为归因于外部奖励，而不是内在动机。如果对人们良好的行为给予恰好到处的反馈，则可以增强个体从助人行为中获得的快乐。

95 人们为何会做出攻击行为?

关键词：攻击行为

在人际互助的行为中，我们领略到了人性的光辉。然而，战争的残酷、种族灭绝的震撼，以及现实社会中不断上演的谋杀、抢劫、枪击和欺凌等暴力事件，也让我们瞥见了人性中阴暗的一面。这些现象激发了社会心理学家的深思：人类为何具有攻击性？这种攻击性是与生俱来的吗？我们又该如何预防和控制攻击行为呢？

攻击行为，也称侵犯行为，是指有意伤害他人且不为他人和社会规范所容许的行为。这种伤害行为，可以是实际造成伤害的行动或语言，也可以是企图伤害而未遂的行为。

根据不同的标准，攻击行为可以分为以下几类：

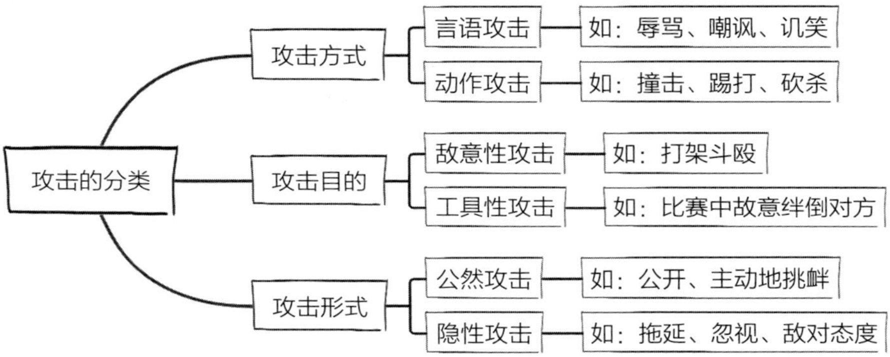

关于人类做出攻击行为的理论解释，大致有两个观点。

1. 攻击是人类与生俱来的本能

弗洛伊德认为，人类的攻击行为源自一种内在的自我毁灭倾向，他将这种基本的冲动命名为“死本能”。当死本能向内作用时，可能会导致自虐、自我破坏甚至自杀；当死本能向外作用时，则可能表现为对他人的攻击行为。

社会学的实证研究似乎支持了弗洛伊德的这一理论。研究显示，在自杀率较高的地区，他杀事件的发生率相对较低，这暗示了死本能的社会破坏力可能有所减弱。

死本能所蕴含的攻击能量需要找到释放的途径，否则过度积聚可能会导致严重问题。在这方面，社会可以通过体育比赛、自由搏击等替代性攻击活动，帮助人们释放攻击冲动，并促进攻击能量的积极转化。

2. 攻击是人类后天习得的行为

攻击行为的习得过程，通常与个体的成长环境和社会化过程密切相关。在儿童时期，孩子们通过观察和模仿周围人的行为来学习社会规范和行为模式。如果一个孩子经常看到父母或其他家庭成员通过攻击来解决冲突，他们可能会认为这是一种有效的应对策略，并在将来遇到类似情况时采用同样的方法。

媒体和文化环境也对攻击行为的习得有着不可忽视的影响。电视、电影、游戏等媒介中频繁出现的暴力场景，可能会使人们对于攻击行为变得麻木，甚至将其视为一种常态。所以，减少攻击行为的一个重要途径，就是提供一个积极的、非暴力的环境，以及通过教育和媒体宣传来培养和平解决冲突的技能。

96 挫折会引发攻击行为

关键词：挫折-攻击理论

1941年，心理学家罗杰·巴克、塔玛拉·登博以及库尔特·勒温开展了一项实验：

研究者把实验组的儿童带进一间布满诱人玩具的房间，然而这些玩具被一层金属网隔着，孩子们只能站在外面，远远地望着那些玩具。他们必须经历一段漫长且充满煎熬的等待，才能接触到这些玩具。与此同时，对照组的儿童不需要经历等待，立即就能获得玩具。

实验结果显示：实验组的儿童在获得玩具后，相较于对照组，表现出了更为显著的破坏性行为，如将玩具摔打在地、投掷于墙，甚至踩踏。这项实验通过精心设计的情境，有力地证明了挫折感会诱发攻击性行为。

耶鲁大学教授约翰·多拉德认为，挫折总会导致某种形式的攻击，这一“挫折-攻击理论”是最早对攻击进行解释的心理学理论之一。

挫折-攻击理论中所说的“挫折”，泛指任何阻碍人们实现目标的事物。当人们对实现某一目标抱有强烈的愿望并期待获得积极的成果，却在实际行动中遭遇了障碍，便会产生挫折感。无论是现实案例还是实验研究，都证实了挫折会引发攻击，但也有一些人在受到挫折后并没有采取攻击行为，这又怎么解释呢？

1941年，米勒对多拉德的挫折-攻击理论进行了修正，即挫折产生的是愤怒，它是攻击的一种准备状态；只有当环境中同时存在引发攻击行为的刺激物，如挑衅性语言、刀枪等，这种内在的准备状态才会转化为外在的攻击行为。

研究者还发现，即使个体被激怒也不一定会采取报复性攻击，他会思考对方是无心之举，还是蓄意挑衅。如果对方的行为是无意的或有特殊原因，多数人都不会选择报复；如果对方的挑衅行为可以被合理解释，被激怒者通常也可以重新理解对方的行为，减少攻击。

97 理想与现实之间的落差

关键词：相对剥夺

马克思在《雇佣劳动与资本》中写过这样一段话：

“一座小房子不管怎样小，在周围的房屋都是这样小的时候，它是能满足社会对住房的一切需求的。但是，一旦在这座小房子近旁耸立起一座宫殿，这座小房子就缩成可怜的茅舍模样了。这时，狭小的房子证明它的居住者毫不讲究或者要求很低；并且，不管小房子的规模怎样随着文明的进步而扩大起来，但是，只要近旁的宫殿以同样的或更大的程度扩大起来，那么较小房子的居住者就会在那四壁之内越发觉得不舒适，越发不满意，越发被人轻视。”

在许多情况下，挫败感往往源自期望与现实之间的差距。当我们的成就能够达到内心的期望，收入能满足基本需求时，我们通常不会感到挫败；然而，一旦我们将自己与他人相比较，产生了相对剥夺感，就可能深深地感受到挫败。

当人们把自己的处境与某种标准或某种参照物相比，发现自己处于劣势时，就会产生一种相对剥夺感。相对剥夺感会带来紧张感，让人产生不良的社会适应。

大量实验表明，暴力犯罪者通常是由于感受到资源被剥夺，故而产生了强烈的挫折感和敌意。2000年，美国有一项涉及6000多人的调研发现，相对剥夺感会导致个体产生消极的自我体验，从而引发个体的社会越轨行为，如暴力活动、经济犯罪、滥用药物等。

相对剥夺感的产生需要具备四个条件：

（1）自己不具有资源A。

（2）与自己相似的他人/群体拥有资源A。

（3）自己期望拥有资源A。

（4）自己获得资源A的期望是合理的。

在日常生活中，我们应警惕自身出现的相对剥夺感。一旦察觉到自己的愤怒、不满和痛苦的情绪源于与他人的比较，就要立即进行干预和调整，例如：摒弃不切实际的期望，对当前状况做出客观评价，并选择恰当的参照群体，以缓解相对剥夺感可能带来的不良影响。

98 打沙袋能平息愤怒吗?

关键词: 宣泄假说

当我们被愤怒情绪笼罩时，内心会涌现出一股强烈的攻击力量，似乎随时都可能爆发。在这样的时刻，常有人建议我们:“去击打沙袋，发泄一下!”这种方法真的有效吗? 它能否平息我们的怒火，减少攻击性呢?

为了深入了解这一现象，心理学家开展了一项实验。他们将愤怒的被试分为三组: A 组被试在回忆起激怒自己的人时打沙袋; B 组被试在思考中性话题时打沙袋; 而 C 组被试保持静止，不进行任何活动。

实验结果显示: A 组被试在击打沙袋后，愤怒感反而加剧，报复欲望也更加强烈; C 组被试未采取任何行动，其愤怒程度却是三组中最低的，表现出的攻击性也最弱。

通过攻击良性对象来宣泄愤怒情绪，无法降低攻击能量，反而会增加愤怒和攻击冲动。

积压在心里的愤怒情绪，到底该怎样处理呢?

比较有效的方法是用非攻击性的方式表达自己的感受，让对方知道他的言行对你造成了什么样的影响。当对方做出一些损人利己的事情时，与其指责对方说“你这个人总是那么自私”，不如用非攻击性的方式告诉对方：“我觉得自己最近承担了太多的家务，有点疲累。”

简单来说，就是不要用第二人称“你”开头来表达自己在当下事件中的感受，这种表述方式具有攻击性。接收信息者感受到的是指责和抱怨，很容易被激怒，让彼此陷入相互指责和攻击的恶性循环中。

试着用第一人称“我”对自己当下的情绪感受进行表露，不仅可以更好地分辨自己在事件中的感受，还能让接收信息者把重点放在你的感受上，从而更容易给予你理解和共情。在这样的情况下，对方也更可能对你进行安慰，或是自我反省并道歉。

99 怎样抑制攻击行为？

关键词：社会学习法

社会学习理论的奠基人阿尔伯特·班杜拉及其助手通过研究证实，暴力行为可以通过观察和模仿习得，哪怕不给观察者任何的强化物。

对儿童来说，呈现在眼前的暴力行为向他们传递了一个重要信息，即这样的行为是正常的！这就削弱了儿童对攻击行为的抑制，当他们日后遇到挫折时，也可能会做出攻击行为。

如果攻击行为可以习得，那我们能否通过全新的学习过程改变或消除它呢?

班杜拉指出，个体可能会因为得到奖赏或是通过观察习得攻击行为，也可能因为观察到他人因攻击而受到惩罚后抑制攻击行为。

有一些虐待儿童的父母，他们在童年时期也曾遭受过父母的虐待，这种通过暴力进行管教的方式，正是他们从自己的父母那里学来的。相反，那些在表现出不当行为时受到父母责备和制止的人，往往能够更好地控制自己，避免采取攻击性行为。

这一现象提醒了家长们，从行为强化和社会学习的视角来看，虽然惩罚在一定程度上有助于降低攻击行为，但也不要忘了，惩罚本身也是一种伤害和攻击行为，其效用是有限的。

现实案例表明，适度的惩罚（强度仅仅是让孩子停止不当行为）可以有效地管理和减少攻击行为，但过于严苛的惩罚不仅不能降低攻击行为，还可能成为孩子模仿的对象，从而加剧孩子的攻击行为。